BABY BLUES®

Armer Papa!

BABY BLUES®

Armer Papa!*

achter
bahn

Bibliografische Information Der Deutschen Bibliothek
Die Deutsche Bibliothek verzeichnet diese Publikation in der
Deutschen Nationalbibliografie; detaillierte bibliografische Daten
sind im Internet über http://dnb.ddb.de abrufbar.

Rick Kirkman/Jerry Scott
Baby Blues – Armer Papa!
1. Auflage Kiel: Achterbahn Verlag GmbH, 2003.
ISBN 3-89982-218-8

Achterbahn Verlag GmbH
Werftbahnstr. 8
24143 Kiel
www.Achterbahn.de

Printed in EU

WAS LIEGT HEUTE AN?
NICHT VIEL.
SUSI SPIELT BEI LEA VON 8.30 UHR BIS 9.45 UHR, WÄHREND TIMMI UND ICH ZUM KINDERARZT GEHEN. AUF DEM NACH-HAUSE-WEG HALTEN WIR KURZ BEIM GEMÜSEHÄNDLER UND DER REINIGUNG. ICH PACKE DAS GEMÜSE WEG, HOLE SUSI, LAURA UND JAN AB UND GEHE MT IHNEN EINEN HALBE STUNDE IN DEN PARK. WIR TREFFEN UNS UM 10.15 UHR MIT BINI UND YOLANDA UND GEHEN INS KASPERLETHEATER VON 10.30 UHR BIS 11.00 UHR. DANN MITTAGESSEN, NACH HAUSE FÜR EIN NICKERCHEN UND DANN AB ZUR SCHWIMMSTUNDE UM 14.00 UHR, NOCH EIN PAAR BESORGUNGEN UND DANN WIEDER NACH HAUSE, UM ESSEN ZU MACHEN.
"NICHT VIEL" HAT FÜR MÜTTER EINE **VÖLLIG** ANDERE BEDEUTUNG ALS FÜR VÄTER.
KIRKMAN & SCOTT
7-11
129

WAS MACHST DU DENN HIER?
ICH WOLLTE NICHT ALLEINE SCHLAFEN.
ABER HIER IST NICHT GENUG PLATZ FÜR UNS ALLE, ALSO…
Distr. by Bulls
www.babyblues.com
…ALSO…
DANKE, PAPI!
VERFLIXTE DACKEL-AUGEN!
KIRKMAN & SCOTT
1606

ALSO, WENN DU WIEDER MITTEN IN DER NACHT AUFWACHST, BLEIBST DU IM BETT, OKAY?
OKAY.
1607
www.babyblues.com
WAS MACHST DU, WENN DU MITTEN IN DER NACHT AUFWACHST?
ICH BLEIBE IM BETT.
Distr. by Bulls
PRIMA. BIS MORGEN FRÜH.
HI.
KIRKMAN & SCOTT

PAPI BLEIBT HIER SITZEN, BIS DU EINSCHLÄFST. DU BRAUCHST ALSO KEINE ANGST ZU HABEN UND MUSST HEUTE NACHT NICHT IN UNSER BETT KOMMEN.
OKAY.
www.babyblues.com
1608
Distr. by Bulls
KIRKMAN & SCOTT
WUSSTEST DU, DASS PAPI AUCH IM SITZEN SCHNARCHT?

WAS IST DAS?
DAS IST KAFFEE!
1609
Distr. by Bulls
www.babyblues.com
SCHLÜRF
SCHLUCK SCHLUCK
SCHLUCK SCHLUCK
DAS TRINKEN ERWACHSENE MORGENS, UM SICH WIEDER IN MENSCHEN ZU VERWANDELN..
MORGEN, KINDER!
W-W-O-O-W!
KIRKMAN & SCOTT

MAMI, WAS IST DAS?
DAS IST DEIN BABYBUCH. MÖCHTEST DU ES DIR ANSEHEN?
BABY ALBUM
1610
Distr. by Bulls
DIESES BILD WURDE GEMACHT, KURZ BEVOR DER ARZT DICH ZUM ERSTEN MAL IN MEINE ARME GELEGT HAT!
WOW! DU SIEHST WUNDERSCHÖN AUS, MAMI!
www.babyblues.com
DAS IST DIE SCHWESTER. ICH LIEGE DA AUF DEM BETT.
DAS BIST DU?? WAS IST DA PASSIERT?
KIRKMAN & SCOTT

DAS IST DEIN ERSTER FUSSABDRUCK... UND DEIN ERSTER HANDABDRUCK...
Distr. by Bulls
...UND DAS SIND DIE NÄGEL VOM ERSTEN NAGELSCHNEIDEN. UND HIER SIND EIN PAAR HAARE VON DEINEM ERSTEN FRISÖRBESUCH...
www.babyblues.com
HAST DU MEIN ERSTES AUSGESPUCKTES AUCH AUFGEHOBEN?
NATÜRLICH NICHT...
1611
KIRKMAN & SCOTT
...NUR DEN FLECK.
seufz DAS WAR MEIN LIEBLINGSHEMD!

MAMI, KÖNNEN WIR RAUS-GEHEN UND IM REGEN SPIELEN?
NEIN. ES IST VIEL ZU MATSCHIG!
Distr. by Bulls
1613
PAPI, KÖNNEN WIR RAUS-GEHEN UND IM REGEN SPIELEN?
KLAR! DAS MACHT BESTIMMT 'NEN RIESEN SPASS!
www.babyblues.com
SIEHST DU? ES KOMMT NICHT DARAUF AN, **WIE** MAN FRAGT, SON-DERN **WEN** MAN FRAGT.
JA...

ICH MÖCHTE, DASS IHR HEUTE ABEND **OHNE** MECKERN UND JAMMERN BADET, ZÄHNE PUTZT UND DANACH INS BETT GEHT... IST DAS KLAR?
ABER...
1614
Distr. by Bulls
www.babyblues.com
KLAR, MAMI! WIE DU WILLST!
KLARO!
WIE HAST DU NUR..?
UNTERSCHÄTZE NIEMALS DIE MACH EINER FUNKELNAGE NEUEN PACKUNG EISCREME.

DU SOLLST NICHT TROMMELN, NICHT SCHREIEN, NICHT RUMRENNEN UND KEINEN KRACH MACHEN, OKAY, TIMMI??
OKAY!!
1615
WIESO??
Distr. by Bulls
www.babyblues.com@Baby
WIESO?
KOPF-SCHMERZEN.
WEIL MAMI KOPF-SCHMERZEN HAT!!
WAS??

HALLO PAPI. ICH WOLLTE DIR NUR SAGEN, DASS ICH DICH LIEB' HAB'!
HALLO, SCHATZ. WIE NETT!
Distr. by Bulls
1616
IST DAS ALLES?
JA.
BIST DU SICHER?
ÄÄÄHHH...
KIRKMAN & SCOTT
SUSI, ICH BIN JETZT SCHON SEIT FÜNF JAHREN PAPA...
OKAY, OKAY! UND ICH HAB' AUS VERSEHEN APFELSAFT IN DEN VIDEOREKORDER GESCHÜTTET.

HE, SUSI! HAST DU LUST, MIT MIR BALL ZU SPIELEN?
NEIN.
Distr. by Bulls
WILLST DU SPAZIEREN GEHEN?
NEIN.
WOLLEN WIR WAS LESEN?
NEIN.
FAHRRAD FAHREN?
NEIN.
1617
NA DANN, OKAY...
PAPA SPIELT NIE MIT MIR!!
KIRKMAN & SCOTT

ZUERST MUSST DU GANZ VIEL LUFT SCHLUCKEN. SO...
SCHLUCK
SCHLUCK
SCHLUCK
1618
Distr. by Bulls
UND DANN MACHST DU...
RÜÜÜLLLLLPSS
SUSI! DAS IST EKLIG!
JEDER DER ABSICHTLICH RÜLPST IST EKLIG, KINDISCH UND EIN RÜPEL!
MAMI BESCHIMPFT DICH GERADE.
KIRKMAN & SCOTT

DER STRAND! DER STRAND! DER STRAND!
DEA DAND! DEA DAND! DEA DAND!
Distr. by Bulls
SIND WIR SCHON DA? MIR IST HEISS! ICH MUSS MAL!
ICH HAB' DURST! ICH HAB' HUNGER!
DINKEN!
130
UH-OH!
MEA DINKEN!
ICH HASSE KARTOFFEL-SALAT!
AUDEN AUA!
AUF MEINEM BRÖTCHEN IST SAND!
DAS WASSER IST EISIG!
©1999, BABY BLUES PARTNERSHIP DIST. BY KING FEATURES SYNDICATE
www.babyblues.com
SIND WIR BALD DA? ICH HAB' DURST! ICH MUSS MAL!
DINKEN! EISS! UNGEA!
KIRKMAN & SCOTT 7-18
DAS WAR TOLL! FAHREN WIR MORGEN WIEDER HIN?
DEA DAND!

NICHT ANFASSEN, TIMMI!
1619
Distr. by Bulls
DAS IST EINE BABY-PUPPE. DIE DARFST DU **NIEMALS** ANFASSEN, OKAY? DAS IST GEFÄHRLICH! SEHR, SEHR **GEFÄHRLICH**!!
PUUH! WIE GUT, DASS ICH RECHTZEITIG DA WAR!
KIRKMAN & SCOTT
WIE KANN DAS ANFASSEN EINER BABY-PUPPE FÜR TIMMI GEFÄHRLICH SEIN?
NA JA, WENN ES MEINE IST, DANN MUSS ICH IHM EINE FEUERN!

AHHHH! DAS IST DAS TOLLE AN MANNSCHAFTSSPORTARTEN.
1620
Distr. by Bulls
DU MEINST, DEINEM KIND BEIM SPORT ZUZUSEHEN, WIE ES TEIL EINES TEAMS IST?
NÖ...
...IN SICHERER ENTFERNUNG ZU SEIN, WÄHREND JEMAND ANDERER VERSUCHT, IHR ETWAS BEIZUBRINGEN.
JA! DAS IST WIRKLICH MAL 'NE ABWECHSLUNG!
AU! NEIN SUSI... DU SOLLST GEGEN DEN BALL TRETEN... NICHT MEIN. **AU!**...BEIN!!
KIRKMAN & SCOTT

BABS! RATE MAL! ICH BIN DER NEUE ERSATZTRAINER FÜR SUSIS FUSSBALLMANNSCHAFT!
EINFACH SO?
Distr. by Bulls
JA. THOMAS BRAUCHT WIRKLICH HILFE UND ICH WOLLTE SCHON IMMER TRAINER SEIN.
KLEINE KÄFER
ICH BRINGE IHNEN EINEN NEUEN SPORT BEI...SCHLEIFE IHRE GESCHICKLICHKEIT... ERHALTE IHR VERTRAUEN... INSPIRIERE SIE ZU...
WIR WOLLEN SCHOKOLADE ODER WIR KÜNDIGEN
1621
...BENEHMEN DURCH BESTECHUNG...
ACH. HÖRT SICH AN, WIE MEIN JOB ZU HAUSE...
KIRKMAN & SCOTT

SO...JETZT SPIELT IHR ERSTMAL EINE WEILE UND DANN KÖNNT IHR WAS NASCHEN!
1622
Distr. by Bulls
HÖRT MAL ZU! AUFPASSEN!! IHR SOLLT NICHT AUF EINEM HAUFEN STEHEN!! WIESO HÖRT MIR EIGENTLICH NIEMAND ZU?!
TRILLLER TRILLLER
TRILLLER TRILLLER
seufz TRAINER SEIN IST WIE VATER SEIN...NUR MIT EINER TRILLERPFEIFE.
HAST DU MIT UNS GEREDET?
KIRKMAN & SCOTT

WIE WAR DEIN ERSTER TAG ALS ERSATZTRAINER?
OH, SUPER! EINFACH TOLL!
1623
JAWOHL! EINFACH SUPER-DUPER!
Distr. by Bulls
OKAY, WIE WAR ES WIRKLICH?
HILF' MIR DA RAUS! ICH FLEHE DICH AN!
KIRKMAN & SCOTT

HE.
HE.
Distr. by Bulls
DAS IST DER SCHÖNSTE MOMENT AM GANZEN ABEND.
MMMM... JA!
ICH LIEBE ES, WENN WIR DIE KINDER GERADE INS BETT GEBRACHT HABEN UND DANN HIER STEHEN UND UNS UMARMEN.
1624
UMARMEN?? ICH DACHTE, WIR STÜTZEN UNS, DAMIT WIR NICHT ZUSAMMENBRECHEN.
DAS AUCH.
KIRKMAN & SCOTT

TIMMI, GIB MIR SOFORT DEN BALL ODER ICH BIN NICHT MEHR DEINE GROSSE SCHWESTER!
SUSI, DAS IST DOCH NICHT WAHR!
1625
Distr. by Bulls
SUSI WIRD IMMER DEINE GROSSE SCHWESTER SEIN, EGAL WAS PASSIERT.
www.babyblues.com
DAS IST JA NOCH BESSER!
MAAAAMIIII!
KIRKMAN & SCOTT

FERNSEHER AUS...ES GIBT ABENDESSEN!
KOMMT IN DIE KÜCHE!
SCHT! WIR VERSTEHEN SONST NICHTS!
1626
Distr. by Bulls
www.babyblues.com
BZZT!
RATSCH
UND JETZT EINE ANSAGE EURER SPONSOREN...
OH-OH... KEINE WERBUNG!
KIRKMAN & SCOTT

ICH HABE IN EINEM ARTIKEL GELESEN, DASS MOZART KINDER INTELLIGENTER MACHT!
BE-STIMMT?
MOZART
1627
Distr. by Bulls
DORT STAND, DASS DIE EXAKTEN MATHEMATISCHEN MUSTER DER MUSIK DIE SYNAPSEN IM GEHIRN UMBILDEN UND ZU ORGANISIERTEN GEDANKENMUSTERN STIMULIEREN.
SICHER... SICHER...
www.babyblues.com
JUHUU! BANG! BANG! POW!
QUIIIIEETSCH!
ICH HAB' DICH!
HAST DU NICHT!
AUSSERDEM SOLL ES SIE BERUHIGEN!
LEG LOS, WOLFGANG!

DAS IST KOMISCH!
WAS?
ES IST HALBACHT AM SAMSTAG MORGEN UND ES IST NOCH RUHIG IM HAUS.
KEINE LÄRMENDEN KINDER... KEINE BLÖDSINNINGEN ZEICHENTRICKFIGUREN, DIE AUS DEM FERNSEHER KREISCHEN...
ICH GENIESSE ES LIEBER, SO LANGE ICH KANN!
GENIESSE SCHNELL!
Distr. by Bulls
www.babyblues.com
1629
KIRKMAN & SCOTT

MMMMMMMM...
...MMMMMMMMM...
...MMMWAH!
FILM-KUSS!
SCHMATZ!
WENIGER FILME, MEHR BÜCHER!
EINVERSTANDEN!
Distr. by Bulls
www.babyblues.com
1630
KIRKMAN & SCOTT

ICH LIEBE MEIN KLEINES BRÜDERCHEN!
SÜSSER KLEINER SCHNUCKI-PUTZI...
UNH! OOF!
GUDDI...GUDDI...GIB DEINER GROSSEN SCHWESTER EIN KUSSI-KUSSI!
AARGH!
ERF! AUGH!
SUSI, ICH GLAUBE DEIN GETUE UND DEINE BABYSPRACHE GEHEN TIMMI ALLMÄHLICH AUF DIE NERVEN.
WAS GLAUBST DU, WARUM ICH DAS TUE?
Distr. by Bulls
www.babyblues.com
1631
KIRKMAN & SCOTT

HALLO ZUSAMMEN!
PAPI IST DA!
www.babyblues.com
7-25
131
HALLO, SCHÄTZCHEN!
SCHMATZ
MMM! ERDBEERE, STIMMT'S? MAL SEHEN, OB ICH MAMIS GESCHMACK HERAUSFINDE.
NA LOS! VERSUCH'S!
MMM... MANDARINE.
SCHMATZ
STIMMT AUCH!
MAL SEHEN, OB ICH ALLE ER-KENNE...
SCHMATZ
HMMM...SÜSS... FRUCHTIG...IRGEND-WIE EXOTISCH.... IST ES MANGO?
NEIN...
Distr. by Bulls
ANANAS?
NEIN...
KIWI?
NEIN...
KUMQUAT?
NEIN...
ICH GEB'S AUF.
KIRKMAN & SCOTT
RAUPE.
MJAM!

GÄHN!
ALSO, EINES STEHT FEST...
...DIE BESTE SENDEZEIT FÜR'S FERNSEHEN UND DIE BESTE SENDEZEIT FÜR ELTERN VON KLEINEN KINDERN SIND ZWEI VÖLLIG VERSCHIEDENE DINGE.
SKNXXXX!
1632
Distr. by Bulls
KIRKMAN & SCOTT

ALS WIR NUR ZU ZWEIT WAREN, HABEN WIR UNSER ABENDESSEN IMMER MIT EINEM EINFACHEN, "BON APPETIT" BEGONNEN!
JETZT IST ES MEHR EIN "AUF DIE PLÄTZE... FERTIG...LOS!"
UND VERGESST NICHT DIE REGELN! KEIN ESSEN HÖHER ALS 45 CM ÜBER DER TISCHPLATTE!!
www.babyblues.com
1633
Distr. by Bulls

1634
WER... ICH?
WER? ICH??? WEEER...IIICH??
WAS SPIELST DU DA?
ICH SPIELE NICHTS..
...ICH ÜBE!
MEINE GUTE LAMPE!
Distr. by Bulls
KIRKMAN & SCOTT

ICH HAB' DICH! DU BIST DRAN!
1635
www.babyblues.com
Distr. by Bulls
WOW! DU RENNST WIRKLICH SCHNELL, PAPI!
HE, NUR WEIL ICH ERWACHSEN BIN, HEISST DAS NICHT, DASS ICH NICHT MIT MEINEN KINDERN MITHALTEN KANN!
KIRKMAN & SCOTT
ICH KANN NICHT MEHR MIT DEN KINDERN MITHALTEN!

HAST DU ÄRGER?
JA.
1636
MÖCHTEST DU DARÜBER REDEN?
NEIN.
Distr. by Bulls
www.babyblues.com
ABER WENN DU MAL WARME POMMES HABEN WILLST UND MAMI HAT KEINE ZEIT, DANN TU SIE **NIE** IN DEN TROCKNER.
KIRKMAN & SCOTT

ALSO...WENN DER GROSSE ZEIGER AUF DER ZWÖLF UND DER KLEINE AUF DER SIEBEN STEHT, WIE VIEL UHR IST ES DANN?
ÄHM...
1637
Distr. by Bulls
...SIEBEN UHR...
www.babyblues.com
...UND NUR AUF DIESEM KANAL!
ICH DACHTE, WIR WOLLTEN DEN FERNSEHKONSUM EINSCHRÄNKEN!!
OH! MACHO-GEHABE! DAS HAB' ICH BEI EINER TALKSHOW GESEHEN!
KIRKMAN & SCOTT

Distr. by Bulls
1638
UND DENKT DRAN...NUR WEIL EIN HUND WAS VERGRÄBT, IST ES NOCH LANGE KEIN SCHATZ.
KAPIERT.

...UND MAMI HAT MIR DIESE NEUEN JEANS GEKAUFT UND DAS NEUE T-SHIRT, DEN NEUEN PULLI, DIE NEUEN SCHUHE UND SOGAR NEUE SOCKEN!
Distr. by Bulls
FINDEST DU DIE SACHEN AUCH SO TOLL?
JA, SUSI! DU WIRST AN DEINEM ERSTEN TAG IN DER VORSCHULE RICHTIG SCHICK AUSSEHEN!
1639
VORSCHULE?
JA, SIE FÄNGT NÄCHSTE WOCHE AN!
ICH WUSSTE, DASS DA EIN HAKEN IST!!
DANKE, DASS DU MIR HILFST, SIE LANGSAM DARAUF VORZUBEREITEN.

WIESO MUSS ICH IN DIE VORSCHULE??
SUSI, DIE VORSCHULE WIRD DIR SPASS MACHEN!
Distr. by Bulls
1640
JA! VORSCHULE IST TOLL! DU HAST EINE TOLLE ZEIT... DU TRIFFST NEUE FREUNDE...LERNST VIELE DINGE...
ES WIRD DIR GEFALLEN. VERSPROCHEN.
MIT GELD-ZURÜCK-GARANTIE?
WIR REDEN HIER ÜBER DIE VORSCHULE...NICHT ÜBER EIN GERÄT.
ÖFFENTLICHE EINRICHTUNGEN BIETEN KEINE GARANTIEN, SCHATZ.

ABER WIESO MUSS ICH IN DIE VORSCHULE?
DAS HABE ICH DOCH GESAGT! ZUM LERNEN!
1641
Distr. by Bulls
DU LERNST DAS ALPHABET...
DAS ALPHABET KANN ICH SCHON!
...DIE ZAHLEN...
ICH KANN SCHON BIS HUNDERT ZÄHLEN.
...DEINEN NAMEN ZU SCHREIBEN...
ICH KANN SCHON MEINEN NAMEN SCHREIBEN UND DEINEN UND PAPIS UND AUCH TIMMIS!
JEDEN TAG UM HALB ELF GIBT ES KEKSE UND SAFT!
WELCHE SORTE?
KIRKMAN & SCOTT

ICH GLAUBE, DAS WAR'S!
DAS FRÜHSTÜCK...
...OBST...
...EIN FLASCHE WASSER...
...HAUSSCHUHE, EINEN PULLI, EINE HOSE, EINE JACKE UND GUMMISTIEFEL
OKAY.
OKAY.
OKAY.
OKAY, ALLES DA!
1642
www.babyblues.com
Distr. by Bulls
FÄLLT DIR NOCH WAS EIN, WAS SUSI AN IHREM ERSTEN TAG IN DER VORSCHULE BRAUCHT?
DU MEINST AUSSER EINEM SHERPA?
KIRKMAN & SCOTT

WARUM SEHEN VORSCHUL-KINDER AN IHREM ERSTEN TAG SO AUS...
Distr. by Bulls
1643
www.babyblues.com
KIRKMAN & SCOTT
KLICK
BLITZ
BZZZZT! POP!
DESHALB...
BLITZ
PHWEEEET! BZZT!
©Baby Blues Partnership/Dist.

LOS GEHT'S, JUNGS UND MÄDELS!
132
WAS IST DENN, NIKLAS?
ICH HAB' EIN AUA!
KUSS! SO, IST ES JETZT BESSER?
SCHNIEF JA.
Distr. by Bulls
OKAY, LEUTE, STRENGT EUCH AN! WIR...
WAS IST MIT DIR, SUSI?
ICH HAB' ANGST VOR DEM BALL!
OOCH...DU MUSST KEINE ANGST VOR DEM BALL HABEN, SCHÄTZCHEN...MACH' EINFACH, WAS WIR GESTERN GEÜBT HABEN!
OKAY, PAPI!
TRAINER! MARTIN HAT MICH PUPSKOPF GENANNT!
ER HAT ES BESTIMMT NICHT SO GEMEINT, NICKI, ABER ICH WERDE TROTZDEM MIT IHM REDEN.
www.babyblues.com
ALSO LOS, LEUTE! ZEIGT MAL ETWAS...
...ÄH
DAS IST KEIN SPIEL... DAS IST GRUPPENTHERAPIE MIT TRIKOTS.
DER WINZLING HAT MIR DIE ZUNGE RAUSGESTRECKT!
BEN IST AUF DEM SPIELFELD EINGESCHLAFEN!
VOM BALLSPIELEN WERDE ICH IMMER MÜDE!
SAG IHM, ER SOLL AUFHÖREN, KUSSGERÄUSCHE ZU MACHEN!
KEINER MAG MICH!
SCHMATZ! SCHMATZ!
ICH HAB' ANGST VOR DEM ZWEITEN BASE!
ANGSTHASE! ANGSTHASE!
MAMI SAGT, ICH BIN FÜR EINEN FÄNGER VIEL ZU HÜBSCH!
KIRKMAN & SCOTT

DA GEHEN SIE HIN!
seufz UNSERE KLEINEN GEHEN IN DIE VORSCHULE.
DIE NÄCHSTEN MONATE WERDEN IHRE KÖPFCHEN UND KÖRPER HIER SECHS STUNDEN AM TAG, FÜNF TAGE DIE WOCHE BESCHÄFTIGT SEIN.
JUHUU! JAA!! OH JA! JIPIIIIE!
HE! RUHE DA DRAUSSEN! ICH VERSUCHE HIER MIT DEN KINDERN ZU ARBEITEN!
K-2
1644

IST DIR EIGENTLICH KLAR, DASS SUSI UND TIMMI IN FÜNFZEHN JAHREN ZUR GLEICHEN ZEIT AUF DEM COLLEGE SEIN WERDEN?
JA. DAS WIRD HART!
1645
WENN WIR KNAUSERN UND SPAREN UND EIN BISSCHEN GLÜCK HABEN, KÖNNEN WIR UNSEREN BISHERIGEN LEBENSTIL AUFRECHTERHALTEN, BIS SIE GRADUIEREN.
WENN DU MICH DAMIT TRÖSTEN WOLLTEST, VERSUCHT DU ES BESSER NOCHMAL.
MEHR NUDELN MIT KÄSESOSSE, BITTE!

SUSI! BITTE NIMM EIN TASCHENTUCH!
ICH BOHRE NICHT IN DER NASE!
SUSI, ICH SEHE, WAS DU TUST! ICH BIN NICHT BLIND!
ICH HABE ES ABER NICHT RAUSGEHOLT...ICH HABE ES WIEDER HINEINGETAN!!
1646
ICH WEISS NICHT, OB ICH SCHREIEN SOLL ODER SPRACHLOS BIN.
ICH GLAUBE, ICH TUE BEIDES.

Distr. by Bulls
1647
www.babyblues.com
OKAY...WER HAT MEINE SCHUHE IN DEN SCHRANK GERÄUMT??
KIRKMAN & SCOTT

PUPPEN-SCHUH!
WHRRR-SKKXXXGT!
1648
Distr. by Bulls
www.babyblues.com
WHRRR-TAKK-AK-A-KAK-A KKKKK!
PLASTIK-PERLEN.
WHRRRKKKKXXX TAKATAVREEEP!
ALTE CORN-FLAKES, BLAUE MURMEL, POKÉMON-KARTE.
MANCHE MENSCHEN HABEN EIN OHR FÜR MUSIK...ICH BIN EIN STAUB-SAUGER-VIRTUOSE.
KIRKMAN & SCOTT

WIE WAR'S HEUTE IN DER VORSCHULE SUSI?
GUT...
Distr. by Bulls
...UND SCHLECHT UND GUT UND SCHLECHT UND GUT UND GUT UND GUT UND SCHLECHT UND SCHLECHT UND GUT UND GUT UND SCHLECHT UND SCHLECHT.
1649
www.babyblues.com
ES GIBT ALSO VIELE HÖHEN UND TIEFEN IN DER VORSCHULE WAS?
ES WÄRE BESSER, WENN ES NICHT SO VIELE JUNGS GÄBE.
KIRKMAN & SCOTT

...DREI...VIER... FÜNF...SECHS! ICH DARF NOCHMAL!
NEIN, GAR NICHT!
1650
www.babyblues.com
Distr. by Bulls
ICH BIN DRAN!
DU TRÄUMST WOHL!
HE!
ICH BIN DIE KLEINSTE, ALSO DARF ICH SO OFT ICH WILL!
GIB' DEN WÜRFEL!
ICH KENNE EIN PAAR LEUTE, DIE DRINGEND AN IHRER FAIRNESS ARBEITEN MÜSSEN.
OKAY, ABER ICH BIN ZUERST DRAN!
KIRKMAN & SCOTT

AU! AU! AU!
ICH HABE MIR AN DER TERRASSE WEH GETAN!
1651
Distr. by Bulls
SITZ NICHT SO DUMM DA... MACH' WAS!!
www.babyblues.com
TSS
M-A-M-M-M-I!!
KIRKMAN & SCOTT

WUSSTEST DU, DASS DIESES LAND FRÜHER DEN INDIANERN GEHÖRTE?
ÄH...NUN... JA...
UND JEMAND HAT ES IHNEN EINFACH WEGGENOMMEN? DAS WAR NICHT NETT!
NEIN, ABER...
www.babyblues.com
Distr. by Bulls
WARTE! ICH HAB' 'NE IDEE!
1652
FREIES LAND FÜR INDIANER!! KOMMT UND HOLT ES EUCH!!
DIE VORSCHULE GESTALTET SICH SCHWIERIGER ALS ICH DACHTE!
KIRKMAN & SCOTT

!!#@$%**!
Distr. by Bulls
www.babyblues.com
1653
KIRKMAN & SCOTT

ICH FINDE MEINE SCHUHE NICHT!!
SCHON-WIEDER??
SIEH' IM SCHRANK NACH!
HAB ICH!
SIEH' IM WOHN-ZIMMER NACH!
HAB ICH!
SIEH' IM BADE-ZIMMER NACH!
HAB ICH!
1654
www.babyblues.com
Distr. by Bulls
ICH HAB ÜBERALL NACHGESEHEN – OH, WARTE. DA SIND SIE JA...AN MEINEN FÜSSEN.
KIRKMAN & SCOTT
BEEIL DICH, SONST KOMMEN WIR WIEDER ZU SPÄT.
JETZT WEISS ICH ENDLICH, WOHER MEINE MUTTER DIE VIE-LEN STIRNFALTEN HAT!

TIMMIS KEKSE SIND GRÖSSER ALS MEINE.
SIND SIE NICHT.
MAMPF! MAMPF!
ABER ER HAT MEHR SCHOKO-STÜCK-CHEN ALS ICH!
WIEDER FALSCH! JEDER KEKS IN DIESER PACKUNG WURDE VON EINER MASCHINE GEWOGEN, GE-BACKEN UND AB-GEPACKT. SIE SIND GENAU GLEICH.
Distr. by Bulls
www.babyblues.com
DESHALB MÖCHTE ICH JETZT KEIN GEMECKER MEHR HÖREN, OKAY?
OKAY.
IIIH! BÄH! GEKAUFTE KEKSE??
1655
KIRKMAN & SCOTT

Distr. by Bulls
WOW! DAS WAR EIN TOLLER FILM!! ER WAR SPANNEND UND LUSTIG UND ICH HAB' MICH ÜBERHAUPT NICHT GELANGWEILT!
KLATSCH!
KLATSCH!
KLATSCH!
KLATSCH!
HOLEN WIR UNS EIN EIS!
SUSI! KOMM ZURÜCK! DAS WAR DOCH NUR DIE VORSCHAU!
KIRKMAN & SCOTT

BAM! KKKKKA-BOOM!!
POW! POW! POW! PWA-ZING!
BANG! BANG!
BRRRAAAAAKKK!
SUSI! WÜRDEST DU BITTE DEN LAUTSTÄRKEREGLER VON DEINEM...
...BRUDER RUNTERDRE-HEN?
BLAM BLAM BLOOOEEY!
KA-POW! KA-POW! POW!
KLAR! ABER WO IST DER?
Cooking
Distr. by Bulls
1656
KIRKMAN & SCOTT

TIMMI, DU... DU... DU...
SUSI, DENK' DRAN, WAS ICH DIR GE-SAGT HABE..
...WENN DU ALSO NICHTS NETTES SAGEN WILLST, SOLLTEST DU LIE-BER NICHTS SAGEN.
OKAY-Y-Y...
DEINE NASE SIEHT HEUTE NICHT SO SCHEUSSLICH AUS WIE SONST.
1657
Distr. by Bulls
KIRKMAN & SCOTT

STÖHN
VIELEN DANK FÜR DEN TOL-LEN TAG, MAMI! WIR LIEBEN DICH!
SCHMATZ
SCHMATZ
SCHMATZ
MIST! IMMER WENN ICH KURZ DAVOR STEHE, DIESEN MUT-TER-JOB HINZUSCHMEISSEN UND BAUCHTÄNZERIN ZU WERDEN, IST ES PLÖTZLICH DER MÜHE WERT!
DAS WAR KNAPP.
1658
Distr. by Bulls
KIRKMAN & SCOTT

QUIIIETSCH
UMPF! UMPF!
PAUL MEIER: EHEMANN, VATER, BODENSCHWELLE.
1659
Distr. by Bulls
www.babyblues.com
KIRKMAN & SCOTT

MAMI, KANN LEA MORGEN BEI MIR ÜBER-NACHTEN?
VON MIR AUS. ICH RUFE YOLANDA AN.
WENN SIE NICHTS DAGEGEN HAT, HABEN WIR EINIGES ZU TUN, ÜBERNACHTUNGEN MACHEN 'NE MENGE...
BIEP! BIEP!
WIR WOLLEN PIZZA ZU ABEND ESSEN, DANN BACKEN WIR KEKSE UND MACHEN POPCORN, SEHEN UNS EINEN FILM AN, FLECHTEN UNS DIE HAARE UND DANN LEGEN WIR UNS GANZ SPÄT IN UNSERE SCHLAF-SÄCKE AUF DEM FUSSBODEN IN MEINEM ZIMMER.
...ARBEIT!
OH...UND DIE PIZZA IST SCHON BE-STELLT.
1660
Distr. by Bulls
www.babyblues.com
KIRKMAN & SCOTT

SIE SIND DA!
HALLO, LEA! BIST DU BEREIT FÜR DEINE ERSTE ÜBERNACHTUNG?
JA!
KOMM' MIT IN MEIN ZIM-MER!
TSCHÜS, MAMI! TSCHÜS, PAPI!
SIEHT AUS, ALS WÜRDE ES KEINE PROBLEME GEBEN.
UM EHRLICH ZU SEIN, ICH HATTE EIGENTLICH...
...TRÄNEN ERWARTET.
DIE ERSTE NACHT OHNE UNSER BABY! schluchz
1661
Distr. by Bulls
www.babyblues.com
KIRKMAN & SCOTT

JIPIIEH! KICHER! KICHER! JUUUHU! JAAAA!
OKAY, MÄDELS! ZEIT FÜR'S BETT!
1662
OKAY, MAMI!
www.babyblues.com
Distr. by Bulls
JIPIIEH! KICHER! KICHER! HEEE! JUUUHU! JAAAA!
seufz
DAS BESTE DARAN IST, DASS ES EINZIG UND ALLEIN DEINE IDEE WAR.
©1999, BABY BLUES PARTNERSHIP DIST. BY KING FEATURES SYNDICATE 10-20
KIRKMAN & SCOTT

KICHER MAMI, WIR HABEN HUNGER!! KICHER
AAAARGH!
www.babyblues.com
Distr. by Bulls
OKAY, SUSI...WIR HABEN ZUSAMMEN GESPIELT, KEKSE GEBACKEN, POPCORN GEMACHT, FILME GESEHEN UND GESCHICHTEN VORGELESEN. WAS MUSS ICH TUN, DAMIT IHR AUFHÖRT ZU KICHERN UND ENDLICH SCHLAFT?
1663
WO IST DEINE BRIEFTASCHE?
©1999, BABY BLUES PARTNERSHIP DIST. BY KING FEATURES SYNDICATE 10-21
KIRKMAN & SCOTT

SIE SCHLAFEN ENDLICH.
WIE HAST DU DAS GEMACHT?
www.babyblues.com
Distr. by Bulls
NUN, ICH DACHTE MIR DIE EINZIGE MÖGLICHKEIT SIE SCHLÄFRIG ZU MACHEN IST, IHNEN DIE LÄNGSTE, LANGWEILIGSTE UND ERMÜDENSTE GESCHICHTE ZU ERZÄHLEN, DIE ICH KENNE
UND DIE WÄRE...?
1664
©1999, BABY BLUES PARTNERSHIP DIST. BY KING FEATURES SYNDICATE 10-22
MEINEN TAGESABLAUF!
AH.
KIRKMAN & SCOTT

TSCHÜS, LEA! TOLL, DASS DU BEI MIR ÜBERNACHTET HAST!
ES WAR LUSTIG!
SAG' SCHÖN "DANKE"!
TSCHÜS! DANKE!
Distr. by Bulls
www.babyblues.com
KLACK!
1665
ZZZZZZZ

ICH WI-I-I-LL HEUTE NI-I-I-I-CHT IN DIE VORSCHU-U-U-U-ULE!
1666
Distr. by Bulls
www.babyblues.com
WOW! ANGEZOGEN, GEFÜTTERT UND AUS DEM HAUS WÄHREND EINEM SATZ!
JA, ICH BIN EBEN IN FORM.

RECHENAUFGABE.
Geben Sie Ihrem Kind 20 Mini-Marshmallows in eine Hand.
OKAY!
Distr. by Bulls
www.babyblues.com
Nun müssen die Marshmallows in Gruppen mit je zwei Stück geteilt werden. Wie viele Gruppen entstehen?
1667
EINE!

B-B-B-B-TH!
ÄCHZ! ÄCHZ! SCHNAUF! SCHNAUF!
RUMMS!
Distr. by Bulls
www.babyblues.com
DU WEISST DOCH, WENN PAPA MANCHMAL SAUER IST SAGT ER "SEH' ICH VIELLEICHT BLÖDE AUS?".
JA.
WAS IMMER DU AUCH TUST, GIB IHM BLOSS KEINE ANTWORT.
KIRKMAN & SCOTT 8-15

Distr. by Bulls
DAS IST GUT, SCHATZ, ABER DAS "S" GEHÖRT ANDERS HERUM.
1668
www.babyblues.com
KIRKMAN & SCOTT
NA KLAR! JETZT FÄLLT ES MIR WIEDER EIN.
NA... UND?
WIR SOLLTEN NOCH DARAN ARBEITEN.

PETER HAT HEUTE GEBURTSTAG. ZEICHNE FÜNF KERZEN AUF SEINE TORTE!
WER IST PETER?
1669
Distr. by Bulls
DAS KIND IN DER TEXTAUFGABE.
ICH KENNE KEINEN PETER.
www.babyblues.com
PETER GIBT ES NICHT WIRKLICH... DER NAME WURDE NUR FÜR DIE TEXTAUFGABE ERFUNDEN.
WENN ES NICHT PETERS TORTE IST, WESSEN TORTE IST ES DANN? ICH ZEICHNE KEINE KERZEN AUF EINE TORTE, WENN ICH NICHT WEISS, WEM SIE GEHÖRT!
DAS WAREN WOHL GENUG HAUSAUFGABEN FÜR HEUTE ABEND.
ICH WUSSTE NICHT, DASS MATHE SO HINTERLISTIG SEIN KANN.
KIRKMAN & SCOTT

WIE IST DAS?
NÖ. IMMER NOCH ZU STRAFF.
1670
www.babyblues.com
Distr. by Bulls
KIRKMAN & SCOTT

KLOPF! KLOPF!
STÖHN WER IST DA?
KICHER
Distr. by Bulls
NERVEN-SÄGEN
QUIETSCH
www.babyblues.com
HA·HA·HA·HA! IIIIIIK! HEE·HEE
SCHNARCH HÄÄÄÄÄ!
HA·HA·HAA!
MEIN LEBEN IST EINE SITCOM...
...MIESE WITZE UND LACHER WIE VOM BAND.
KIRKMAN & SCOTT
1671

ENTE! QUACK! QUACK! KUH! MUUUH! SCHWEIN! GRUNZ! GRUNZ!
1672
Distr. by Bulls
ICH GLAUBE, TIMMI MAG KEINE GERÄUSCHE VOM BAUERNHOF.
FARM TIME
www.babyblues.com
BRUUUMM! BRUUMM! BBBBBBBBBBBBB!
DAS KOMMT GANZ DARAUF AN, WAS DIE GERÄUSCHE MACHT.
FARM TIME
KIRKMAN & SCOTT

ZEIT FÜR DIE BADEWANNE, KINDER!
WIR BRAUCHEN KEIN BAD!
1673
Distr. by Bulls
OH DOCH... KOMMT SCHON...
NICHT BADEN! NICHT BADEN! NICHT BADEN!
www.babyblues.com
WIR HÄTTEN GEWONNEN, WENN NICHT EINER VON UNS DEN HALBEN SANDKASTEN IN SEINER WINDEL GEHABT HÄTTE.
HMPF!
KIRKMAN & SCOTT

NEIN!
135
NA KLASSE. TIMMI KOMMT IN DIE "NEIN"-PHASE.
NEIN! NEIN!
WAS IST DAS?
Distr. by Bulls
DIE "NEIN"-PHASE BEGINNT, WENN BABYS EIGENE ENTSCHEIDUNGEN TREFFEN WOLLEN, UND DAS ZEIGEN SIE, INDEM SIE ZU ALLEM "NEIN" SAGEN.
NEIN! NEIN! NEIN!
WA-RUM?
WIDERSPRECHEN IST DER EINFACHSTE WEG AUFMERKSAMKEIT ZU ERREGEN UND ZU ZEIGEN, DASS MAN EINE EIGENE MEINUNG HAT.
NEIN! NEIN! NEIN! NEIN! NEIN! NEIN!
WEISST DU, WENN DU TIMMI MIT DEINEN SPIELSACHEN SPIELEN LÄSST, UND ER AB UND ZU DER ERSTE SEIN DARF, KOMMT ER BESTIMMT SCHNELLER ÜBER DIESE PHASE HINWEG!
www.babyblues.com
NEIN! NEIN! NEIN! NEIN! NEIN! NEIN! NEIN! NEIN!
JA! JA! JA! JA! JA! JA! JA! JA! JA! JA!
NOCH MEHR PSYCHOLOGISCHE RATSCHLÄGE, DR. SPOCK?

PAPI, JAGST DU TIMMI UND MICH IM GARTEN?
JAGEN?
Distr. by Bulls
JA! WIR SIND CAMPER UND DU BIST DER BÖSE BÄR IM TIEFEN WALD!
TUT MIR LEID, KINDER. ICH KANN NICHT. ICH HABE JEDE MENGE ARBEIT.
www.babyblues.com
OKAY. DANN SAG' UNS EINFACH BESCHEID, WENN DU NICHT ZU BESCHÄFTIGT BIST, UM UNSER VATER ZU SEIN.
1674
KIRKMAN & SCOTT
11-3

ächz UNSERE MANNSCHAFT HAT DEN BALL!!
COACH
11-4
UND ER ROLLT IN RICHTUNG DES GEGNERISCHEN TORS!!
1675
Distr. by Bulls
ER LIEGT DIREKT VORM TOR UND ES SIND KEINE GEGNER IN SICHT!!!
www.babyblues.com
KIRKMAN & SCOTT
UND TROTZDEM SCHIESSEN WIR KEIN TOR!
WIR WOLLTEN JA SCHIESSEN, ABER DA SASS EIN KÄFER MITTEN IM WEG.

1676
Distr. by Bulls
www.babyblues.com
WAS DENN??
11-5
KIRKMAN & SCOTT

PFFFT!
SCHNIEF!
PFFFT! PFFFT! PFFFT!
SCHNIEF!
♪TAA-DAAA!♪
AH-PBTHCHOOO!
♪TA-DAAAAAA!♪
DU BIST SO EIN ANGEBER, WENN DU ERKÄLTET BIST, WEISST DU DAS?
©1998, BABY BLUES PARTNERSHIP. DIST. BY KING FEATURES SYNDICATE
KIRKMAN & SCOTT 8-29
www.babyblues.com

NEIN! NEIN! SCHIESS DEN BALL HIER RÜBER!
NICHT DORTHIN!... HIER RÜBER!
Distr. by Bulls
NIMM'S NICHT SO SCHWER, PAUL...BEI DIESER MANNSCHAFT GEHT ES NICHT UM'S SIEGEN, SONDER DARUM, DASS DIE KINDER SPASS HABEN.
1677
www.babyblues.com
UUPS! SCHON WIEDER DAS FALSCHE TOR! HA! HA! HA! HA!
MISSION ERFÜLLT.
KIRKMAN & SCOTT

HALLO, SUSI. WIE WAR'S IN DER VORSCHULE?
SNUGLICH.
Distr. by Bulls
SNUGLICH?
JA, WENN DICH JEMAND DEN GANZEN TAG ÄRGERT, DEIN LEHRER VIEL ZU SCHWERE AUFGABEN STELLT UND ALLES SCHIEF LÄUFT – DAS IST SNUGLICH.
1678
www.babyblues.com
KIRKMAN & SCOTT
VERSTEHE...
NA...WIE WAR DEIN TAG?
SNUGLICH.

JANS MUTTER HAT HEUTE IN DER VORSCHULE GEHOLFEN.
WIRKLICH?
1679
Distr. by Bulls
ICH HAB' SIE SCHON MAL GESEHEN...WIE SAH SIE DOCH GLEICH AUS?
NA JA, ZUM SCHLUSS SAH SIEH...
www.babyblues.com
...SO AUS!
DAS IST WOHL VERSTÄNDLICH!
ALS ICH SAGTE "BIS MORGEN", HAT SIE NUR GELACHT.
KIRKMAN & SCOTT

HEUTE HABEN WIR ALLES ÜBER DIE PILGERVÄTER GELERNT! FRAG' MICH WAS!
www.babyblues.com
OKAY. WER WAREN DIE PILGERVÄTER?
WEISS ICH NICHT!
WOHER KAMEN SIE?
WEISS ICH NICHT!
WO SIND SIE GELANDET?
WEISS ICH AUCH NICHT!
1680
Distr. by Bulls
KIRKMAN & SCOTT
FRAG' MICH WAS ÜBER DIE TÜRKEI!

BABS, WIESO HAST DU DICH ENTSCHIEDEN, ZU HAUSE BEI DEN KINDERN ZU BLEIBEN UND NICHT WIEDER ZU ARBEITEN?
AUS VERSCHIEDENEN GRÜNDEN!
Distr. by Bulls
DIE ENGE BINDUNG, DIE SEELENRUHE, DIE HERAUSFORERUNG...
MILCH
KIRKMAN & SCOTT
www.babyblues.com
MITTAGESSEN!
1681
...GANZ ZU SCHWEIGEN VON DEM GLANZ!
SCHLING! SCHLING! GLUCK! GLUCK!

WAS HABEN DIE KINDER HEUTE GEMACHT?
1682
Distr. by Bulls
KINDER! KINDER! KINDER! IMMER NUR DIE KINDER!
www.babyblues.com
WIESO REDEN WIR EIGENTLICH IMMER NUR ÜBER DIE KINDER??
OKAY! TUT MIR LEID! DU HAST JA RECHT!
WAS HAST DU HEUTE GEMACHT?
ICH HAB' MICH UM DIE KINDER GEKÜMMERT!
KIRKMAN & SCOTT

WAS SUCHST DU DENN, SUSI?
WAS ZUM SPIELEN!
Distr. by Bulls
1683
UND WAS GENAU?
NA JA...COMICSACHEN, 'NE RAKETE, 'NEN GROSSEN HAMMER, 'NE DAMPFWALZE, 'NEN ABMOSS...
HOL DEINE SCHUHE...MAMI WILL MIT UNS SCHON WIEDER IN DIE BÜCHEREI.
KLICK!
KIRKMAN & SCOTT

WAS MACHST DU GERADE?
HAUSAUFGABEN.
Distr. by Bulls
1684
SIND SIE SCHWER?
www.babyblues.com
PAPA, ICH BIN FÜNF JAHRE ALT. ICH BIN IN DER VORSCHULE. ICH ARBEITE MIT WACHSMALSTIFEN...
NATÜRLICH IST DAS SCHWER!
ICH HAB' JA NUR GEFRAGT...
KIRKMAN & SCOTT

ICH HABE GEHÖRT, DASS DIE FERNBEDIENUNG KAPUTT IST...
Distr. by Bulls
KICK!
WHUMP!
1685
www.babyblues.com
KLICK!
KIRKMAN & SCOTT
MACHT NICHTS... ICH BRAUCHE KEINE!

KANN ICH BITTE DREI SCHOKO-STÜCK-CHEN HABEN?
KLAR.
Distr. by Bulls
HMMMMMMMMMMM...
1686
UND HIER SIND DREI FÜR TIMMI!
DU WEISST WIRKLICH, WIE MAN EIN GUTES GE-FÜHL ZU-NICHTE MACHT.
HMMMMM...
KIRKMAN & SCOTT

NA, SUSI! WIE WAR DIE VORSCHULE?
GUT.
1687
Distr. by Bulls
HAT ES SPASS GEMACHT?
JA.
IST IRGENDWAS AUFREGENDES PASSIERT?
ICH HAB' IN DER PAUSE PAOLO GIOSEFFI GEHEIRA-TET.
SCREECH!

WAS SOLL DAS HEISSEN, DU HAST IN DER PAUSE PAOLO GIOSEFFI GEHEIRATET??
NA JA... GEHEIRA-TET EBEN!
1688
Distr. by Bulls
WIR HABEN UNS DIE HAND GEHALTEN UND GESAGT "ICH WILL"...UND ALL DAS ZEUGS!
HAST DU IHN GE-KÜSST?
IIIIH! NEIN!
MAMA, WIR SIND VER-HEIRATET UND NICHT VERLIEBT!
KIRKMAN & SCOTT

137
HI, PAPS!
HALLO, SUSI. WAS GIBT'S NEUES?
NICHTS.
OH.
9-5
DU HAST NICHT ZUFÄLLIG MIT MAMIS SCHMINKE GESPIELT, ODER?
NEIN.
HAST DU EIN ROTES EIS GEGESSEN?
NÖÖ.
Distr. by Bulls
www.babyblues.com
OH...FALLS DU EINEN ROTEN FILZSTIFT SUCHST, VERGISS ES. MAMI HAT SIE HEUTE MORGEN ALLE WEGGEWORFEN.
KIRKMAN & SCOTT

1689
Distr. by Bulls
www.babyblues.com
ROLL
ROLL
ROLL
ROLL
NEIN...STRASSE ÜBERQUEREN IST "STEHENBLEIBEN, NACH LINKS UND RECHTS SEHEN". FEUER FANGEN IST "HINWERFEN, HIN UND HER ROLLEN".
ACH, JA. DIE BEIDEN VERWECHSLE ICH IMMER.
KIRKMAN & SCOTT

HIER KOMMT DEIN HACKFLEISCH.
AUS WAS WIRD HACKFLEISCH GEMACHT?
Distr. by Bulls
www.babyblues.com
RIND.
OH. OKAY.
KIRKMAN & SCOTT
SOLANGE ES NICHT KUH IST. ICH LIEBE KÜHE NÄMLICH.
1690

ÄHM, SUSI ICH HABE DIR GERADE ERKLÄRT, DASS DIESES HACKFLEISCH AUS RIND IST... ABER WAS ICH NICHT GESAGT HABE IST, DASS RINDER KÜHE SIND.
EHRLICH?
Distr. by Bulls
AUS WAS IST DANN METT?
SCHWEINE.
www.babyblues.com
ARME KÜHE! ARME SCHWEINE!
ALS NÄCHSTES SAGT IHR MIR NOCH, DASS HÜHNCHEN AUS-
1691
ÄCHZ!
KIRKMAN & SCOTT

WIESO WIRD FLEISCH AUS TIEREN GEMACHT?
NUN JA, SUSI, SO IST DAS EBEN!
Distr. by Bulls
1692
ABER ICH LIEBE TIERE! SIE SIND SO **NIEDLICH**!
JA, ABER...
www.babyblues.com
WIESO ESSEN WIR NICHT WAS, DASS AUS SACHEN GEMACHT IST, DIE NICHT SO **NIEDLICH** SIND?
ZUM BEISPIEL?
© 1999, BABY BLUES PARTNERSHIP DIST. BY KING FEATURES SYNDICATE 11-24
NA...WIE SCHNECKEN ODER WÜRMER ODER KLEINE BRÜDER ODER...
ICH GLAUBE, ICH ESSE HEUTE NUR KAROTTENSALAT!
KIRKMAN & SCOTT

FUMP!
1693
Z
Distr. by Bulls
ZING!
BAM!
BAM!
Z
www.babyblues.com
DOINK!
KIRKMAN & SCOTT
© 1999, BABY BLUES PARTNERSHIP DIST. BY KING FEATURES SYNDICATE 11-25
JA, ER IST WACH!

1694
Distr. by Bulls
www.babyblues.com
© 1999, BABY BLUES PARTNERSHIP DIST. BY KING FEATURES SYNDICATE 11-26
DAS IST **NICHT** DAS SELBE!
KIRKMAN & SCOTT

1695
Distr. by Bulls
PAPI?
PAPI! PAPI! PAPI! PAPI! PAPI!
PAPI! PAPI! PAPI! PAPI! PAPI! PAPI! PAPI!
WAAS?
MAMI HAT GESAGT, WIR SOLLEN DICH NICHT STÖREN, DESHALB SPIELEN WIR IN MEINEM ZIMMER, OKAY?
www.babyblues.com
KIRKMAN & SCOTT

1696
Distr. by Bulls
BABS? WAS MACHST DU DA?
HM..?
HE! DU HAST SÜSSIGKEITEN VON HALLOWEEN! GIB MIR AUCH WELCHE!
NIEMALS! DIE GEHÖREN MIR!
UND NUR DIE GUTEN SACHEN! MILCHSCHOKOLADE MIT MANDELN...DUNKLE SCHOKOLADE MIT KARAMEL...
WEG! DIE HAB' ICH MIR EHRLICH UND HART ERARBEITET!
WUSCH
SÜSSIGKEITEN AUS DEN TÜTEN DER KINDER STEHLEN IST **EHRLICHE HARTE ARBEIT**?
DU KANNST ES JA VERSUCHEN! ES IST HÄRTER ALS ES KLINGT!
www.babyblues.com
KIRKMAN & SCOTT

BRAVER JUNGE.
PATSCH! PATSCH!
DU AUCH!
PATSCH! PATSCH!
Distr. by Bulls
www.babyblues.com 1697
KIRKMAN & SCOTT

HAST DU DIE MESSLÖFFEL GESEHEN?
SIEH' MAL IN DER BADEWAN-NE NACH!
Distr. by Bulls
DA SIND SIE JA! HE! UND HIER IST DER SCHNEEBESEN... UND DER TEIGSCHABER...UND DER KOCHLÖFFEL...
1698
www.babyblues.com
KIRKMAN & SCOTT
WENN DU MICH SUCHST, ICH BIN IM BAD UND MACHE ABEND-ESSEN.

NUN, ÄH... ÄHM...SO, AHHH... HMMMM TSS ...NA JA...
1699
Distr. by Bulls
WO-RÜBER HABEN WIR GE-RADE GE-REDET?
ICH FRAGTE, WIE ES HEUTE IN DER VORSCHULE WAR!
www.babyblues.com
ACH JA! NA KLAR! JETZT FÄLLT ES MIR WIEDER EIN!
PRIMA. UND WIE WAR'S?
NUN, ÄH... ÄHM...SO, AHHH... HMMMM TSS ...NA JA...
KIRKMAN & SCOTT

IIIH!
WOW!
1700
OOOH! AHHH! UUUH! WHOA!
www.babyblues.com
Distr. by Bulls
KLATSCH! KLATSCH! KLATSCH! KLATSCH!
ICH SEHE SO GERN BEIM WINDEL WECHSELN ZU, WENN TIMMI AM TAG VORHER BUNT-STIFTE GE-GESSEN HAT.
KIRKMAN & SCOTT

WUSCH!
NOCHMAL.
OH-OH!
138
WUSCH!
NOCHMAL!
WUSCH!
NOCHMAL!
www.babyblues.com
Distr. by Bulls
GURGEL!
TSS! ER TUT SO, ALS WÄRE ES **UNSERE** SCHULD, DASS NICHTS IM FERN-SEHEN LÄUFT!
KIRKMAN & SCOTT

NEIN.
NEIN.
NEIN.
NEIN.
NEIN.
NEIN.
BITTE?
BITTE?
BITTE?
BITTE?
BITTE?
1701
Distr. by Bulls
www.babyblues.com
PUUUH! ES HAT EINE WEILE GEDAUERT, ABER SIE HAT ENDLICH AUFGEGEBEN.
MÖGLICH.
ODER SIE MUSSTE NUR AUFTANKEN!
BITTE?
KIRKMAN & SCOTT

VORSCHULE: 1. WOCHE
PAPA, HILFST DU MIR BEI DEN HAUSAUFGABEN?
KLAR, SUSI!
1702
Distr. by Bulls
www.babyblues.com
VORSCHULE: 2. WOCHE
PAPA, HILFST DU MIR BEI DEN HAUSAUFGABEN?
JA. KLAR. OKAY.
VORSCHULE: 3.–36. WOCHE
PAPA, HILFST DU MIR BEI DEN HAUSAUFGABEN?
ZWEI SIND RUM... 34 LIEGEN NOCH VOR MIR...
KIRKMAN & SCOTT

ISS DEIN GEMÜSE. ISS DEIN GEMÜSE.
Distr. by Bulls
MACH' DEN MUND ZU BEIM KAUEN.
MACH' DEN MUND ZU BEIM KAUEN.
SCHMATZ. SCHMATZ
1703
KIRKMAN & SCOTT
SITZ STILL. SITZ STILL.
www.babyblues.com
BIST DU ES NICHT LEID, ALLES ZU WIEDERHOLEN?
GEWOHNHEITSSACHE. GEWOHNHEITSSACHE.

BABS?
CHATZ?
BABS?
AUF-HÖREN!
MAMA?
BABS?
MAMI?
MAMA?
MAMI?
MAMA?
MAMI?
MAMA?
1704
Distr. by Bulls
BITTE! ICH KANN IMMER NUR EINEM ZUHÖREN!
www.babyblues.com
KIRKMAN & SCOTT
ICH!
ICH!
seufz
ICH!
ICH!
ICH!
ICH!
ICH!
ICH!
ICH!
ICH!
ICH!

KINDER WERDEN SO SCHNELL ER-WACHSEN!
JA...
Distr. by Bulls
www.babyblues.com
ZUERST SIND SIE HILFLOSE KLEINE DINGER, DIE STÄNDIG DEINE AUFMERKSAMKEIT FOR-DERN UND SPÄTER SIND SIE...
...HILFLOSE GROS-SE DINGER, DIE STÄNDIG DEINE AUFMERKSAMKEIT FORDERN!
IMMER WENN MEINE BIO-LOGISCHE UHR KLINGELT, DRÜCKST DU, MEINE LIEBE SCHWESTER, DIE SCHLUMMER-TASTE!
MAMA!
MAMA!
MAMA!
MAMA!
MAMA!
MAMA!
KIRKMAN & SCOTT
1705

MÖCHTEST DU EINEN KEKS, TIMMI?
WENN ER WAS BEKOMMT, WILL ICH AUCH WAS!
MMM!
Distr. by Bulls
WIE WÄR'S MIT EINER GESCHICHTE?
WENN ER WAS BEKOMMT, WILL ICH AUCH WAS!
www.babyblues.com
UND JETZT BEKOMMST DU EIN SCHÖ-NES WAR-MES...
WENN ER WAS BEKOMMT, WILL ICH AUCH WAS!
KIRKMAN & SCOTT
...BAD.
OHHHH.
1706

WÄÄÄÄÄ! TIMMI HAT MICH GEBISSEN!
TIMMI, GEBISSEN WIRD NICHT!
1707
Distr. by Bulls
BEISSEN IST BÖSE!
AUCH LEICHTES BEISEN IST BÖSE!
AUCH WENN MAN SAUER IST!
STIMMT!
GENAU!
RICHTIG!
AUCH WENN JEMAND SCHOKOCREME AUF IHREN ARM MACHT UND DICH DAMIT HERAUSFORDERT IST ES BÖSE!
GANZ GE...
www.babyblues.com
WAAS!!?
ÄH...SCHON GUT!
KIRKMAN & SCOTT

GÄHN! ICH GEH' JETZT INS BETT.
OH, NEIN, DAS TUST DU NICHT!
Distr. by Bulls
SETZ DICH HIER HIN UND HILF MIR BEIM SCHREIBEN DER WEIHNACHTSKARTEN.
ABER ES IST HALB ZWÖLF?
1708
SO?? ABER ES IST AUCH DER 13. DEZEMBER UND WENN WIR DIE NICHT BALD LOSSCHICKEN, WERDEN UNS UNSERE FREUNDE VÖLLIG VERGESSEN!
www.babyblues.com
APROPOS... WER SIND DIESE LEUTE?
KEINE AHNUNG, ABER SIE SCHICKEN UNS JEDES JAHR EINE KARTE. SCHREIB' EINFACH WEITER!
KIRKMAN & SCOTT

IST PAPA GERADE NACH HAUSE GEKOMMEN?
1709
JA... UND RATE MAL!
Distr. by Bulls
FWWWIIIIIIIIIII!
KIRKMAN & SCOTT
www.babyblues.com
ER HAT TRILLERPFEIFEN MITGEBRACHT!
OOOCH...WER HAT DIR DAS VERRATEN?

1710
DARF ICH AUFSTEHEN?
NICHT BEVOR DU DEINEN HACKBRATEN AUFGEGESSEN HAST.
Distr. by Bulls
ICH HOL MIR NOCH WAS VON DEM HACKBRATEN!
BEI DEINER FIGUR HALTE ICH DAS FÜR KEINE GUTE IDEE!
GLÜCKSPILZ!
GLÜCKSPILZ!
KIRKMAN & SCOTT

Lieber Weihnachtsmann,
1711
Distr. by Bulls
Ich war dieses Jahr ein liebes Mädchen.
OKAY. DAS IST EIN GUTER ANFANG!
JA.
UND WEITER?
WIE VIEL PAPIER HAST DU?
KIRKMAN & SCOTT

WO SOLLEN WIR DIESES JAHR DEN WEIHNACHTSBAUM HINSTELLEN?
WEISS NICHT.
Distr. by Bulls
HMMM...MAL ÜBERLEGEN.
ER DARF NICHT IM WEG SEIN...ER MUSS SICHER STEHEN...ER SOLLTE DIE KINDER NICHT STÖREN...
HMMM...
1712
VIELLEICHT DA DRÜBEN?
VIELLEICHT AUF DEM DACH?
KIRKMAN & SCOTT

WEISST DU, WAS DER VERBAND DER KINDERÄRZTE ÜBER KINDER UND FERNSEHEN SAGT?
NEIN, WAS?
SIE SAGEN, KINDER UNTER ZWEI JAHREN SOLLTEN NICHT FERNSEHEN.
WIESO NICHT?
139
Distr. by Bul.s
SIE MEINEN, KLEINKINDER BENÖTIGEN DIREKTE INTERAKTION MIT REALEN MENSCHEN FÜR EINEN GESUNDEN VERSTAND UND DIE ENTWICKLUNG IHRER SOZIALEN UND EMOTIONALEN FÄHIGKEITEN.
SICHER.... ABER KEIN FERNSEHEN?
NEIN.
NICHT MAL EIN BISSCHEN SESAMSTRASSE ODER EIN VIDEO, WÄHREND ICH ESSEN MACHE?
NEIN. SIE NENNEN DAS "ELEKTRONISCHES BABYSITTEN".
BIEP! BIEP! BIEP!
GUTEN MORGEN... VERBAND DER KINDERÄRZTE
PPBBBBBTHHH!
VDK
KIRKMAN & SCOTT 9.19

WEIHNACHTSBÄUME
DA SIND WIR!
SEHT NUR DIE VIELEN WEIH-NACHTS-BÄUME!
OKAY UND DENKT AN DIE REGELN...NICHT RENNEN...NICHT LAUT SEIN...
JAAAAJAAAAA!
...UND NICHT ZU-HÖREN!
WAS HAB' ICH EUCH GERADE GESAGT?
Distr. by Bulls
KIRKMAN & SCOTT
1713

DER HIER!
DER HIER!
DER HIER!
DER HIER!
VIELLEICHT NEHMT IHR EUCH EINFACH NOCH EIN WENIG ZEIT FÜR DIE ENTSCHEIDUNG...
Distr. by Bulls
www.babyblues.com
KIRKMAN & SCOTT
1714

...TSBÄUME
NEIN.
ÜBER-LEGST DU DIR'S NOCH-MAL?
BITTE?
NEIN.
BITTE?
NEIN.
BITTE?
NEIN.
BIIIIIIIITTEEEEEE!!
OKAY. JETZT ÜBERLEGE ICH ES MIR NOCHMAL!
WAS ÜBER-LEGST DU DIR?
OB ICH AUF DEM AUTO BEI DEM WEIHNACHTSBAUM NACH HAUSE FAHREN DARF!
Distr. by Bulls
www.babyblues.com
1715

ICH WILL DEN STERN AUF DEN WEIH-NACHTS-BAUM TUN! DARF ICH? JA?
WEIHNACHTS-BAUM-SCHMUCK
Distr. by Bulls
NA GUT, OKAY...
1716
www.babyblues.com
IIIIIIIIIIIIIIIIIIIHH!
WA-HA-HA-HA!
AAAAAAA
HIHIHIHIHI
QUIETSCH!
DA BIN ICH DOCH KITZLIG!
KIRKMAN & SCOTT

...DANN FUHR ER DAVON, "ALLEN EINE FROHE WEIHNACHT UND EINE GUTE NACHT"!
1717
Distr. by Bulls
www.babyblues.com
NEIN! IMMER NOCH NICHT!
OOOOCH!
KIRKMAN & SCOTT
WORAUF WARTET ER NOCH??
NUN, ES IST ERST 5 UHR!

ENDLICH SIND SIE IN IHRE BETTEN EINGEKUSCHELT EINGESCHLAFEN.
1718
UND SIE TRÄUMEN VON BERGEN VON BONBONS.
DAS BEZWEIFLE ICH!
www.babyblues.com
Distr. by Bulls
FÜR BONBONS GIBT ES SAMSTAG MORGENS KEINE WERBESENDUNGEN IM FERNSEHEN!
KIRKMAN & SCOTT

WAS IST DAS?
FISCH. PROBIER EINEN BISSEN.
140
NEIIIIIN!
UUPS! SAGTE ICH, PROBIER EINEN BISSEN? ICH MEINTE TU DAS NICHT!
WIESO NICHT?
ÄH...WEIL! ES IST GANZ SCHLECHT! PROBIER DAS BLOSS NICHT!
Distr. by Bulls
WIRKLICH?
JA, FISCH IST NUR FÜR ERWACHSENE.
RICHTIG. ABSOLUT NICHTS FÜR KINDER. ES IST EKLIG.
WIDERLICH.
VERGISS, DASS ICH ES ÜBERHAUPT ERWÄHNT HABE.
BÄH! SCHLEIMIGES ZEUG!
STOCHER!
OKAY...ICH HATTE SOWIESO KEINEN HUNGER. TSCHAU.
www.babyblues.com
SO VIEL ZU UMGEKEHRTER PSYCHOLOGIE...
JA. UND ICH MAG ES JETZT AUCH NICHT MEHR ESSEN.
KIRKMAN & SCOTT

WANN SIND DIE KINDER ZU UNS INS BETT GEKOMMEN?
SO ETWA UM 3 UHR.
Distr. by Bulls
SIE SIND AUFGEWACHT UND KONNTEN NICHT MEHR EINSCHLAFEN, ALSO HABE ICH ES IHNEN ERLAUBT.
www.babyblues.com
KIRKMAN & SCOTT
UND...SOLLEN WIR AUFSTEHEN UND DIE VORZÜGE DER FERIEN GENIESSEN?
DAS TUE ICH SCHON!
1719

KICK KICK KICK KICK KICK KICK KICK
KICK KICK
Distr. by Bulls
www.babyblues.com
1720
WIE VIEL UHR IST ES?
DREI MINUTEN NACH ELF...
KIRKMAN & SCOTT
...ES SIND GENAU ZWEIEINHALB MINUTEN VERGANGEN, SEIT DU DAS LETZTE MAL GEFRAGT HAST!
VERREGNETE FERIENTAGE SOLLTEN EINEN KNOPF ZUM VORSPULEN HABEN.
KICK KICK KICK KICK KICK
seufz
KICK KICK

OH, NEIN! ICH WURDE ALS GESCHWORENE AUSGEWÄHLT.
WAS IST GESCHWORENE?
Distr. by Bulls
ÄH...NUN, MAN MUSS ZUM GERICHT UND SICH VERSCHIEDENE SEITEN EINER GESCHICHTE ANHÖREN.
UND DANN?
www.babyblues.com
DANN ENTSCHEIDET MAN, WER RECHT HAT UND WER UNRECHT!
KIRKMAN & SCOTT
1721
HÖRT SICH NACH EINEM TOLLEN JOB AN!
OH, JA! AUSSERDEM ZAHLEN SIE ZWEI DOLLAR PRO TAG!

EINES TAGES SPIELTEN ZWEI KINDER AM STRAND. SIE LACHTEN UND HATTEN SO VIEL SPASS...
141
...DASS SIE DIE FLOSSE NICHT BEMERKTEN, DIE LEISE HINTER IHNEN DURCH'S WASSER GLITT!
Distr. by Bulls
"WAS WAR DAS?" FRAGTE DAS MÄDCHEN.
"WAS WAR WAS?" SAGTE DER JUNGE.
"MICH HAT GERADE ETWAS BERÜHRT...
...AAAUGHHBLUBBLUBBLUBBBbbb...
PLATSCH
PLATSCH!
SPLUSH!
PLATSCH!
www.babyblues.com
AIEEEEEEEE!!
KIRKMAN & SCOTT
KEINE GRUSELIGEN HAIGESCHICHTEN IN DER BADEWANNE, OKAY, SUSI?
WIE STEHT'S MIT RIESENKRAKEN?

HMMM...ICH SEHE VOLLKORNKEKSE...
BÄH.
...PFIRSISCHE...
BÄH.
...KRÄCKER...
BÄH.
...BOHNEN...
BÄH.
Distr. by Bulls
...UND DA SIND EIN PAAR STAUBIGE GELEEBOHNEN, DIE SIND BESTIMMT LETZTES JAHR AUS MEINEM OSTERKÖRBCHEN GEFALLEN.
CHIPS
PUUH! EINE MINUTE LANG DACHTE ICH, WIR WÜRDEN GAR NICHTS ANSTÄNDIGES MEHR ZUM ESSEN FINDEN
1722

WENN ICH GROSS BIN, WILL ICH VIELE KINDER UND VIEL GELD HABEN!
Distr. by Bulls
EINE GROSSE FAMILIE IST HEUTZUTAGE SEHR TEUER, SUSI.
DAS STIMMT. GROSSE FAMILIEN HABEN MEIST NICHT VIEL GELD ÜBRIG.
OH.
DANN BEKOMME ICH EBEN NUR REICHE KINDER!
1723

ICH WEISS ETWAS, WAS DU NICHT WEISST!
Distr. by Bulls
ICH WEISS ETWAS, WAS DU NICHT WEISST ICH WEISS ETWAS, WAS DU NICHT WEISST! ICH WEISS ETWAS, WAS DU NICHT WEISST!
OKAY.
1724
KIRKMAN & SCOTT

RUMMS
RUMMS
Distr. by Bulls
1725
1-1-2000
www.babyblues.com
RUMMS
SUSI! TIMMI! HÖRT AUF, DURCH DIESE TÜR ZU RENNEN UND SUCHT EUCH EINE BESCHÄF-TIGUNG!
ABER DURCH DIE TÜR ZU RENNEN **BESCHÄFTIGT** UNS DOCH!
seufz
KIRKMAN & SCOTT

LEIDER AKZEPTIERT DIE BANK IHREN "SINN FÜR HUMOR" NICHT ALS SICHERHEIT.
OFFENSICHTLICH HAT DIE BANK NOCH NIE VERSUCHT, ZWEI KINDER MIT NUR EINEM GEHALT GROSSZUZIEHEN.
GAAACK!
KREDITE
GRABSCH
Distr. by Bulls
KIRKMAN & SCOTT
1726
www.babyblues.com

...UND DA HABE ICH EINE SCHRAMME, UND MEINEN ELLBOGEN HAB' ICH AUFGESCHLAGEN, MEINEN FINGER UMGEKNICKT UND DEN KRATZER AM KNIE, ABER ES GEHT WIEDER...
Distr. by Bulls
www.babyblues.com
WOW! DA HATTEST DU JA EINEN HARTEN VORSCHULTAG, WAS?
1727
NEIN.
DAS WAR NUR VOM KÄMPFEN MIT TIMMI BEIM NACH-HAUSE-FAHREN.
ENTWEDER BRAUCHEN WIR EIN GRÖSSERES AUTO ODER SITZE MIT WÄNDEN.
KIRKMAN & SCOTT

ICH GLAUBE, SUSI WIRD ZUM HYPOCHONDER.
WAS??
Distr. by Bulls
NACH DER SCHULE VERBRINGT SIE JEDEN TAG ZWANZIG MINUTEN DAMIT, JEDE BEULE UND JEDEN KRATZER, DEN SIE HAT, IM DETAIL ZU BESCHREIBEN.
UND..?
1728
DIE MEISTEN DIESER SOGENANNTEN VERLETZUNGEN EXISTIEREN NICHT! SIE ERFINDET SIE!
UND? VIELE KINDER TUN DAS, UM AUFMERKSAMKEIT ZU ERREGEN.
HIER...DAS HABEN WIR LETZTEN MONAT FÜR PFLASTER AUSGEGEBEN.
OH-OH.
GESCHNITTEN!

SUSI, MAMI UND ICH HABEN FESTGESTELLT, DASS DU IN LETZTER ZEIT VIELE PFLASTER BRAUCHST.
DANKE.
1729
Distr. by Bulls
NEIN, WAS ICH MEINE IST, DASS DU ZU VIELE PFLASTER BRAUCHST.
OH.
DU SOLLTEST SIE LIEBER AUFHEBEN, FÜR DEN FALL DASS DU WIRKLICH VER...
RITSCH...
WOFÜR SIND DIE DENN?
DU HAST MEINE GEFÜHLE VERLETZT!

SUSI, WEGEN DER PFLASTER-GESCHICHTE...
WELCHE PFLASTER-GESCHICHTE?
WELCHE PFLASTER-GESCHICHTE? DIESE PFLASTER-GESCHICHTE! JEDES MAL, WENN DIR IRGENDWAS NICHT PASST, KLEBST DU EIN PFLASTER AUF DICH!
Distr. by Bulls
SIEH MAL...PFLASTER SIND FÜR ECHTE VERLETZUNGEN, OKAY? SIE HELFEN NICHT BEIM LÖSEN VON PROBLEMEN!
1730
KOMMT DARAUF AN, WO MAN SIE HINKLEBT!
NIMM DIE DINGER VON DEN OHREN UND HÖR' MIR ZU!

ALSO GUT...KEINE PFLASTER MEHR, ES SEI DENN, DU BIST WIRKLICH VERLETZT, OKAY?
;seufz; OKAY, PAPI!
VERSPROCHEN?
VERSPROCHEN?
WAS HAST DU JETZT VOR?
ROLLSCHUH LAUFEN AUF SCHARFKANTIGEM SCHOTTER!
1731
Distr. by Bulls
www.babyblues.com
KIRKMAN & SCOTT

HATTEST DU EINEN SCHÖNEN TAG IN DER VORSCHULE, SUSI?
ES WAR EIN SUPER TAG!
EIN SUPER TAG! WOW! DAS IST TOLL!
JA!
DIE LEHRERIN HAT MICH KEIN EINZIGES MAL ERWISCHT!
1732
Distr. by Bulls
www.babyblues.com
KIRKMAN & SCOTT

HALLO, SCHATZ. IM BÜRO IST HEUTE ;GÄHN; NICHTS LOS...UND WIE LÄUFT'S BEI EUCH?
PLATSCH
1733
Distr. by Bulls
www.babyblues.com
KIRKMAN & SCOTT

SIEH' DIR DAS AN!
WAS IST DAS?
10-10 142
DIESE MÜLLTÜTE IST VOLL MIT KLEINEN TEILEN VON PUPPEN UND IHREM ZUBEHÖR, TEILEN VON SPIELEN UND ZERBROCHENEM SPIELZEUG AUS SUSIS ZIMMER.
DIE SACHEN LAGEN ÜBERALL! HINTER DEM SCHRANK... UNTER DEM BETT...HINTER DER KOMMODE... UNTER DEM TEPPICH...
ICH WETTE, IN DER TÜTE SIND **TAUSEND** WERTLOSE TEILE, DIE SIE SOWIESO VÖLLIG...
www.babyblues.com
Distr. by Bulls
GUT! SCHEINT ALLES DA ZU SEIN!
...VERGESSEN HAT!
ICH HAB' NICHTS DAGEGEN, WENN DU MIT MEINEN SACHEN SPIELST, MAMI, ABER LEGE BITTE ALLES WIEDER DAHIN, WO DU ES GEFUNDEN HAST.
KIRKMAN & SCOTT

FRÜHER ODER SPÄTER KOMMT ALLES WIEDER...LEIDER MEIST FRÜHER!

MÄDCHEN SIND SÜSS, AUS ZUCKER GEMACHT...
1737
Distr. by Bulls
JEDER WEISS DIES, DAS WÄR JA GELACHT!
WOMP!
WAS DENN???
KIRKMAN & SCOTT

KOMM, SUSI...ZEIT ZUM AUFSTEHEN!
BIN NOCH MÜDE.
1738
Distr. by Bulls
WILLST DU ZU SPÄT KOMMEN...DER FRÜHE VOGEL FÄNGT DEN WURM!
UND WAS IST MIT DEM VOGEL, DER NOCH ZEHN MINUTEN SCHLÄFT? WAS BEKOMMT DER?
WÜRMER-RESTE!
ICH KOMME!
KIRKMAN & SCOTT

TUT MIR LEID, DASS ICH SO SPÄT BIN...ÄH... WAS IST?!
WIR SIND GERADE MIT SUSIS HAUSAUFGABEN FERTIG!
Distr. by Bulls
NACH ZWEIEINHALB STUNDEN! ;GÄHN;
WAAAS??
ZWEIEINHALB STUNDEN??
JA.
1739
EINE HALBE STUNDE HAUSAUFGABEN UND ZWEI STUNDEN VERSUCHEN, DASS SIE STILL SITZT.
WILLST DU SEHEN, WIE ICH EINEN PURZELBAUM MACHE?
KIRKMAN & SCOTT

NOCH FÜNF BISSEN UND ICH BEKOMME NACHTISCH!
SCHLUCK! WÜRG! GAG! AAACK!
1740
Distr. by Bulls
www.babyblues.com
BLEAH!!!
NOCH VIER BISSEN UND ICH BEKOMME NACHTISCH!
UND DEIN VATER WUNDERT SICH, WIESO ES DREI MAL PRO WOCHE MAKARONI GIBT!
KIRKMAN & SCOTT

HMMPH! MAMI SAGT, ICH WÄRE EIN DIKTATOR!
1741
Distr. by Bulls
ICH BIN KEIN DIKTATOR! ICH HASSE ES, WENN SIE DAS SAGT! NIEMAND SONST HÄLT MICH FÜR EINEN DIKTATOR! ODER DENKST DU DAS?
www.babyblues.com
SÄG "NEJ"
NEIN.
KIRKMAN & SCOTT
SIEHST DU??

DU KENNST DOCH MIKE AUS DER SCHULE? ICH GLAUBE, ER MAG MICH!
JA? WIE KOMMST DU DARAUF?
1742
Distr. by Bulls
NA, HEUTE MITTAG HAT ER EINEN DRECKKLUMPEN NACH MIR GEWORFEN UND MICH VERFEHLT.
MEINE GÜTE!
www.babyblues.com
KIRKMAN & SCOTT
ZEIGT ER AUF DIESE WEISE, DASS ER JEMANDEN MAG...INDEM ER DRECKKLUMPEN AUF IHN WIRFT?
NEIN...
...NUR DANN, WENN ER DICH VERFEHLT.

JUHUUUU! WOCHENENDE! KEINE ARBEIT!
KEINE SCHULE!
JA!
Distr. by Bulls
NICHTS TUN ALS RUMLIEGEN UND ENTSPANNEN!
AHHH!
AH!
1743
www.babyblues.com
MIR IST LANGWEILIG!
MIR AUCH!
Z
KIRKMAN & SCOTT

AN-SCHUBSEN!
Distr. by Bulls
HALLOOO?!
HÖRT MICH IRGEND JEMAND?
1744
www.babyblues.com
ICH BRAUCHE EINEN SCHUBS, BITTE! KÖNNTE MIR JEMAND EINEN SCHUBS GEBEN??
DANKE!
BITTE!
KIRKMAN & SCOTT

ICH WERDE NIE VERGESSEN, WIE WIR NACH SPANIEN FLOGEN, UM UNSERE FREUNDE AN WEIHNACHTEN ZU BESUCHEN.
www.babyblues.com
Distr. by Bulls
WIR WAREN NICHT IN SPANIEN, ES WAR NEBRASKA. UND WIR SIND NICHT GEFLOGEN, SONDERN GEFAHREN.
UND WIR HABEN KEINE FREUNDE BESUCHT, SONDERN OMA UND OPA.
ACH JA?
1745
NA JA, ICH WERDE ES TROTZDEM NIE VERGESSEN.
KIRKMAN & SCOTT

SONNTAG
KANN ICH DAS FUSSBALL-TRIKOT ZUR KIRCHE ANZIE-HEN?
NEIN.
143
MONTAG
KANN ICH DAS FUSSBALL-TRIKOT ZUR SCHULE AN-ZIEHEN?
NEIN.
Distr. by Bulls
DIENSTAG
KANN ICH DAS FUSSBALL-TRIKOT ZUM EINKAUFEN ANZIEHEN?
NEIN.
MITTWOCH
KANN ICH DAS FUSSBALL-TRIKOT IM RESTAURANT ANLASSEN?
NEIN.
DONNERSTAG
KANN ICH DAS FUSSBALL-TRIKOT IM BETT AN-LASSEN?
NEIN.
FREITAG
KANN ICH DAS FUSSBALL-TRIKOT ZU KINO GEHEN ANLASSEN?
NEIN.
NEIN.
SAMSTAG
ZIEH' DEIN FUSSBALL-TRIKOT AN, SUSI...ES IST ZEIT FÜR DEIN SPIEL!
ICH MAG LIEBER DAS AN-ZIEHEN!
KIRKMAN & SCOTT

TIMMI! KOMM HER!
Distr. by Bulls
TIMMI! SETZ DICH!
TIMMI! HEB' DAS AUF!
TIMMI! FASS DAS NICHT AN!
TIMMI! GEH' DA RÜBER!
DU VERBRINGST VIEL ZEIT DAMIT, DEINEN BRUDER HERUMZUKOMMANDIEREN.
ICH WEISS.
WAS GLAUBST DU DENN, WOHER ICH ES SO GUT KANN?
1746
www.babyblues.com
KIRKMAN & SCOTT

HIER, MEIN SCHATZ.
TIMMI ISST IN LETZTER ZEIT VIEL FESTE NAHRUNG.
Distr. by Bulls
BEI DIESEM TEMPO WIRD ES NICHT MEHR LANGE DAUERN, BIS DU ABSTILLEN KANNST!
1747
www.babyblues.com
KIRKMAN & SCOTT

Distr. by Bulls
KIRKMAN & SCOTT
1748
www.babyblues.com

SIEHST DU, TIMMI! WENN DU SO MACHST, KANNST DU DIE SCHNEEFLOCKEN MIT DER ZUNGE FANGEN!
BÄÄÄHH
NEIN, DIE GIBT'S NUR IN EINER GESCHMACKS-RICHTUNG.
1749
Distr. by Bulls
Baby Blues Partnership/Distr KFS/Bulls
www.babyblues.com
KIRKMAN & SCOTT

WAS IST DAS, PAPI?
DAMIT KÖNNEN WIR UNSERE EIGENEN SCHMETTERLINGE AUFZIEHEN!
SEHT IHR! WIR MÜSSEN NUR DIESE KARTE ABSCHICKEN, UND DANN BEKOMMEN WIR LEBENDE RAUPEN, DIE IHRE EIGENEN KOKONS SPINNEN!
IHR WISST DOCH, WAS EIN KOKON IST, ODER?
SOWAS WIE EIN POKEMON?
1750
Distr. by Bulls
www.babyblues.com
KIRKMAN & SCOTT

OKAY, STECK' DIE KARTE IN DEN BRIEFKASTEN UND KLAPPE DAS FÄHNCHEN HOCH.
UND DANN?
DANN WARTEN WIR, DASS UNS DIE FIRMA DIE LEBENDEN RAUPEN ZUSCHICKT.
OKAY.
WIESO BRAUCHEN DIE SO LANGE?
1751
Distr. by Bulls
www.babyblues.com
KIRKMAN & SCOTT

WAREN UNSERE RAUPEN HEUTE IN DER POST?
NEIN, NOCH NICHT!
OOOOHH!!
IHR HABT DIE KARTE GESTERN ERST ABGESCHICKT. ES KÖNNTE EINEINHALB WOCHEN DAUERN, BIS DIE RAUPEN KOMMEN.
EIN-EINHALB WOCHEN?
KOMMT SCHON! DAS SIND NUR ZEHN TAGE!
WIE VIELE ZEICHENTRICKFILME SIND DAS?

DA...DER POSTBOTE! ENDLICH KOMMT ES!
WAR NICHTS IM BRIEFKASTEN?
NÖ.

SUSI...TIMMI...ICH GLAUBE, EURE RAUPEN SIND DA!
!
!
MACH AUF!
MACH AUF!
SCHNELLER!
SCHNELLER!
IIIIIIIIIIIIHHH!
WAS IST LOS MIT EUCH??
WIR DACHTEN, DIE WÄREN NIEDLICH.
DRAUF-TRETEN!!

JETZT LEGEN WIR DIE RAUPEN IN DIESE GLÄSER UND FÜTTERN SIE MIT SPEZIELLEM FUTTER.
ICH BIN SO FROH, DASS DIE RAUPEN ENDLICH DA SIND.
1755
ICH HATTE DAS WARTEN WIRKLICH SATT!
Distr. by Bulls
www.babyblues.com
WARTEN... WARTEN.. WARTEN.. NICHTS ALS WARTEN!
UND WAS MACHEN WIR ALS NÄCHSTES?
WARTEN.
WHAP!
KIRKMAN & SCOTT

1756
MAMI! PAPI! EINE RAUPE HAT EINEN KOKON GEBAUT!
Distr. by Bulls
TATSÄCHLICH!
WIE FINDET IHR DAS?
www.babyblues.com
UND WENN SICH DIE RAUPE IN EINEN SCHMETTERLING VERWANDELT HAT, KOMMT ER AUS DEM KOKON.
WANN?
HIER STEHT NACH ETWA EINER WOCHE.
IST DIE NATUR NICHT ERSTAUNLICH?
WENN "ERSTAUNLICH" LANGSAM HEISST, DANN JA!
KIRKMAN & SCOTT

DIENSTAG
IMMER NOCH IM KOKON!
Distr. by Bulls
MITTWOCH
IMMER NOCH IM KOKON!
KIRKMAN & SCOTT
www.babyblues.com
DONNERSTAG
IMMER NOCH IM KOKON!
1757
FREITAG
IMMER NOCH IM KOKON?
NICHT MEHR LANGE!

DENKT DARAN, KINDER, ES SPIELT KEINE ROLLE WER GEWINNT ODER VERLIERT...WIR WOLLEN NUR SPASS HABEN!
PBBBTHT! SOWAS NENNT SICH TRAINER??
PRIMA, SUSI! TOLLER PASS, MEIN SCHATZ!
PASS!? WIESO SPIELT SIE EINEN PASS? SCHIESS DOCH! SCHIESS!
GUTES ZUSPIEL, CARMEN! DU AUCH, KATHRIN!
DAS NENNST DU FUSSBALL? SAG IHNEN, SIE SOLLEN AUFHÖREN HERUMZUTANZEN UND ENDLICH TORE MACHEN!
©1999, BABY BLUES PARTNERSHIP DIST. BY KING FEATURES SYNDICATE
LOS DOCH! GREIFT SIE AN! MACHT SIE FERTIG! FERTIG!!!
JETZT REICHT'S!
AUSZEIT! SCHIEDSRICHTER!
PHWEET!
WAS IST LOS?
SIE MÜSSEN UNBEDINGT MIT DER GRUPPE DORT DRÜBEN SPRECHEN. IHR AUSFALLENDES GESCHREI UND IHRE BUHRUFE LENKEN MEINE SPIELER AB!
OKAY...ICH SEH', WAS ICH TUN KANN...
...ABER EIGENTLICH IST ES DIE AUFGABE DES TRAINERS, DIE EIGENEN FANS UNTER KONTROLLE ZU HABEN.
www.babyblues.com
Distr. by Bulls
SIE KENNEN DIE MÜTTER MEINES TEAMS NOCH NICHT.
BUUUH! HE TRAINER, DU PFLAUME!
KIRKMAN & SCOTT 10-24

SUSI! TIMMI! SEHT NUR! EIN SCHMETTERLING SCHLÜPFT AUS SEINEM KOKON!
1758
Distr. by Bulls
IST ES NICHT FASZINIEREND, WIE ETWAS SO HÄSSLICHES ZU ETWAS SO SCHÖNEM WERDEN KANN?
SCHMETTERLINGE
www.babyblues.com
WAS IST DENN LOS?
WAS SOLL DAS HEISSEN, ICH BRAUCHE EINEN KOKON?

IST ER NICHT WUNDERSCHÖN?
JA.
Distr. by Bulls
ABER WIR KÖNNEN IHN NICHT LÄNGER IN DEM KASTEN HALTEN, WIR MÜSSEN IHN FREILASSEN.
WIESO?
www.babyblues.com
DARUM! WIE WÜRDEST DU DICH FÜHLEN, WENN DICH JEMAND IN EINEM ENGEN RAUM EINSPERRT UND DU KÖNNTEST NICHT RAUS AN DIE SONNE?
SO WIE IN DER VORSCHULE?
1759
LASS ES MICH ANDERS AUSDRÜCKEN...
ICH WÜNSCHTE, JEMAND WÜRDE **MICH** FREILASSEN!

LEB WOHL, KLEINER SCHMETTERLING! WIR LASSEN DICH FREI. DU FINDEST SCHON DEINE BESTIMMUNG!
Distr. by Bulls
www.babyblues.com
SCHNAPP
1760
AAAHHHHHHH!
DAS HAT NICHT LANGE GEDAUERT.

NICHT ZU FASSEN, DASS DIESER BLÖDE VOGEL EINFACH UNSEREN SCHMETTERLING AUFGEFRESSEN HAT!
Distr. by Bulls
ZWEI SEKUNDEN FREIHEIT UND DANN EIN BISS UND ER IST WEG!
VIELLEICHT WAR ES FÜR UNS ALLE SEHR LEHRREICH.
1761
www.babyblues.com
DU MEINST, WIR SOLLTEN JEDEN MOMENT GENIESSEN, WEIL WIR NIE WISSEN, WIE LANGE UNSER LEBEN NOCH DAUERT?
JA...
...UND MAN SOLLTE KEIN GELD FÜR EIN HAUSTIER AUSGEBEN, DAS MIT EINEM BISS VERSCHLUNGEN WERDEN KANN.
KIRKMAN & SCOTT

ALLES GUTE ZUM VALENTINSTAG!
EINE TÜTE VOM BAUMARKT? OH, WIE AUFMERKSAM.
Distr. by Bulls
ICH FRAGE MICH, WAS ES IST! EINE PACKUNG NÄGEL? EINE NEUE SORTE DÜBEL? ODER DAS SCHLEIFPAPIER, AUF DAS ICH EIN AUGE GEWORFEN HATTE?
EIN SCHLOSS AUS TITAN FÜR DIE BADEZIMMERTÜR.
1762
www.babyblues.com
KIRKMAN & SCOTT
ES GIBT EINFACHE ROMANTIK UND PRAKTISCHE ROMANTIK...
ENDLICH EIN SCHAUMBAD OHNE VORHER, DIE TÜR ZUNAGELN ZU MÜSSEN.

Distr. by Bulls
HALLOPAPIWIRHABENHEUTEINDERSCHULEINENFILMÜBERWALEGESEHENDIESINDSÄUGETIEREUNDKEINEFISCHEWEISSTDUDANNHABENWIRGERECHNETUNDDANNHABENWIREINEGESCHICHTEÜBEREISBÄRENGEHÖRTWIRMÜSSENLOSTSCHÜS!
KIRKMAN & SCOTT
1763
www.babyblues.com
SUSI LERNT WIRKLICH EINE MENGE IN DER VORSCHULE.
UND WANN DENKST DU, KOMMT DIE INTERPUNKTION DRAN?

MIST! IMMER IST DER SIRUP ALLE, BEVOR ICH DIE WAFFEL AUFGEGESSEN HABE!
SO! DAS REICHT BESTIMMT!
SPLORP!
VERFLIXT! JETZT IST DIE WAFFEL ALLE UND ICH HABE NOCH SIRUP ÜBRIG!
WIE GUT, DASS ICH MORGENS IMMER SO HUNGRIG BIN...
UND PAUL WUNDERT SICH, WIESO WIR IMMER ZU SPÄT KOMMEN.
KIRKMAN & SCOTT

WOW! WAS FÜR EIN TOLLER DOKUMENTARFILM.
ICH LIEBE DIESEN DOKUMENTARFILM! ES IST DER BESTE DOKUMENTARFILM, DEN ICH JE GESEHEN HABE! ES LEBEN DIE DOKUMENTARFILME!
SUSI, DAS IST EIN ZEICHENTRICKFILM! WIESO NENNST DU DAS DAUERND EINEN DOKUMENTARFILM?
WEIL MAMI MICH SO VIELE DOKUMENTARFILME SEHEN LÄSST, WIE ICH MÖCHTE!
KIRKMAN & SCOTT

SIEH MAL! EIN JO-JO!
TOCK
EIN JO-JO SOLLTE HOCH UND RUNTER GEHEN. DEINS GING NUR RUNTER UND IST DA GEBLIEBEN.
OH.
KIRKMAN & SCOTT
SIEH MAL! EIN JO-JO!
TOCK

OKAY, PAPI...ZUERST DIESE HAND UND DANN MUSST DU... **NEIN, NEIN!** NOCHMAL VON VORN!
KLATSCH KLATSCH
KLATSCH KLATSCH
1767
Distr. by Bulls
ZUERST DIESE HAND UND DANN KLATSCHST DU AUF DEIN KNIE... **NEIN!** NICHT SO!
www.babyblues.com
PASS DOCH AUF. ERST DIESE HAND DANN DIESE HAND, DANN BEIDE HÄN... **P-A-A-P-I!**
TUT MIR LEID. KÖNNEN WIR NOCHMAL?
DU WÜRDEST DIE VORSCHULE **NIE** SCHAFFEN.
KIRKMAN & SCOTT

MAMI, SOLL ICH DEN BLAUEN ODER DEN ROTEN PULLOVER ANZIEHEN?
ICH WEISS NICHT...SIE GEFALLEN MIR BEIDE.
1768
Distr. by Bulls
ICH ZIEHE DEN AN, DEN DU AUSSUCHST.
HMMM... OKAY, DEN ROTEN.
www.babyblues.com
NOCHMAL!
KIRKMAN & SCOTT

NICHT BEWEGEN, PAPI. DA IST EINE SPINNE!
1769
Distr. by Bulls
BAP!
KONK!
WAP!
WAP!
BONK!
www.babyblues.com
KIRKMAN & SCOTT
DU SOLLTEST BESSER AUFPASSEN, SONST VERLETZT DU DICH NOCH!

OKAY, IHR BEIDEN...WISST IHR NOCH DEN SPRUCH?
SIESS OBIBT SAUA!
HA! HA! ER KANN NICHT MAL "SÜSSES ODER ES GIBT SAURES" SA-GEN! WAS FÜR EIN BABY!
LASS DAS, SUSI ER MACHT ES PRIMA.
ABER ER IST EIN BABY! WENN ER DEN SPRUCH NICHT SAGEN KANN, SOLLTE ER AUCH NICHT KLINGELN!
DING DONG!
SIESS OBIBT SAUA!
OOOHH! IST ER NICHT ZUCKERSÜSS?
SCHÜTT! SCHÜTT! SCHÜTT!
Distr. by Bulls
www.babyblues.com
145
WIE GING DER SPRUCH NOCHMAL?

SCHLÜRF
MMMMM!
SCHLÜRF
DIE SUPPE IST GUT!
M!
Distr. by Bulls
FREUT MICH, DASS EUCH DIE BROKKOLICREMESUPPE GESCHMECKT HAT.
www.babyblues.com
1770
ES GIBT NICHTS SCHLIMMERES, ALS HERAUSZUFINDEN, DASS DU ETWAS MAGST, WAS DU HASST!
SPUCK

Distr. by Bulls
HALLO, PAPI!
1771
ÄH, SUSI. WIE VIELE PULLOVER TRÄGST DU EIGENTLICH?
SECHS.
www.babyblues.com
DU TRÄGST SECHS PULLOVER AUF EINMAL?
JA.
ENTWEDER DAS ODER ICH HÄTTE SIE WEGRÄUMEN MÜSSEN.

AUTOMOBIL FAHR NICHT SO VIEL BENZIN IST KNAPP UND DU BIST AB!
ZUCKER BOMBE
SCHOKO-KRACHER
Distr. by Bulls
MAMI-HAT-GESAGT-ICH-SOLL-DIE-BESTEN-AUSSUCHEN-UND-DAS-SIND-DIE-ABER-VIELLEICHT-SIND-ES-AUCH-DIE-ANDEREN-DESHALB-WEISS-ICH-NICHT-WELCHE-ICH-NEHMEN-SOLL-WEIL-SIE-BEIDE-GUT-SIND-UND-ICH-WILL...
www.babyblues.com
1772
SIEHT SO AUS, ALS HÄTTE SUSI NICHT NUR DIE ROTEN HAARE VON IHREM VATER GEERBT...
WAS DENKST DU?... SOLL ICH DIE BRAUNE ODER DIE BRÄUNLICHE KRAWATTE NEHMEN?

OKAY, KINDER! LOS GEHT'S!
ICH HOLE DEN EINKAUFSWAGEN. WIR TREFFEN UNS IM SUPERMARKT.
Distr. by Bulls
SUSI, ZIEH DIE SCHUHE AN!
TIMMI, WO IST DEINE JACKE?
HÖRT AUF DAMIT!
DEIN SCHUH IST OFFEN...WARTE!
LEG DIE STIFTE WIEDER WEG!
WO IST DER ANDERE HANDSCHUH?
www.babyblues.com
GESCHAFFT! ENDLICH KÖNNEN WIR MAMI BEIM EINKAUFEN...
...HELFEN!
ZU SPÄT!

HALLÖCHEN, BABS!
OH, HALLO, BINI. WAS GIBT'S?
Distr. by Bulls
ICH HABE DIESE GROSSARTIGE CD VOLL MIT REZEPTEN UND HILFREICHEN KOCHTIPPS GEFUNDEN UND DACHTE, DU KÖNNTEST SIE GEBRAUCHEN.
WOW! VIELEN DANK!
www.babyblues.com
DIE KOMMT MIR GERADE IM MOMENT WIE GERUFEN!
©Baby Blues Partnership/Distr. KFS/Bulls
KRATZ KRATZ KRATZ

DIESE BINI BRINGT MICH AUF DIE PALME!
WAS HAT SIE DIESMAL GETAN?
Distr. by Bulls
SIE HAT MIR ALLEN ERNSTES DIESE CD VOLL MIT BLÖDEN REZEPTEN UND KOCHTIPPS GEGEBEN! SIE HÄTTE GENAUSO GUT SAGEN KÖNNEN, DASS ICH EINE MIESE KÖCHIN BIN!
www.babyblues.com
WIR WISSEN DOCH BEIDE, DASS DAS NICHT STIMMT, ES MACHT ALSO KEINEN SINN, SICH DARÜBER SO AUFZUREGEN.
ÜBRIGENS...IMMER WENN DU TRAURIG BIST, VERKOCHEN DIR DIE MAKKARONI.

1776
BINI MACHT MICH NOCH WAHNSINNIG!
Distr. by Bulls
JEDEN MORGEN TRAINIERT SIE EINE STUNDE AUF DEM HOMETRAINER, BEVOR SIE EIN TOLLES FRÜHSTÜCK FÜR BOB UND BENNY MACHT.
ICH WEISS.
www.babyblues.com
UND GANZ NEBENBEI GÄRTNERT SIE, DEKORIERT, SPIELT KLAVIER UND HILFT EHRENAMTLICH IM OBDACHLOSENHEIM!
ICH VERSTEH' DAS NICHT!
VIELLEICHT TEILT SIE IHRE ZEIT EINFACH GUT EIN!
NEIN, ICH MEINE, WIE KANN ICH VERHINDERN, DASS DER REST VON UNS DABEI SO SCHLECHT AUSSIEHT?
KIRKMAN & SCOTT

UUF!
UNGH!
UMMPH!
AAARG!
OOH! OOH!
BOOF!
1777
Distr. by Bulls
www.babyblues.com
JAA! HA! HI HI! HAA! HI HI!
DANKE!
VIELEN DANK!
UND SO HÖRT ES SICH AN, WENN **MAMI** MORGENS AUFSTEHT.
ANDERE MENSCHEN GEHEN ZUM BALLET ODER IN EINE KUNSTAUSSTELLUNG...WIR HABEN EINEN IMITATOR ZU HAUSE!
KIRKMAN & SCOTT

TIMMI, WÜRDEST DU BITTE DEN LKW AUFHEBEN?
1778
Distr. by Bulls
HEB' IHN AUF. NA LOS, SOHNEMANN. DU SCHAFFST ES. HEB' IHN AUF. HEB' IHN AUF. NA KOMM. HEB' IHN AUF.
www.babyblues.com
DA LIEGT ER. HEB' DEN LKW AUF. HEB' IHN AUF. DU KANNST ES, KOMM SCHON, HEB' IHN AUF. HEBIHNAUFHEBIHNAUFHEBIHNAUF.
KIRKMAN & SCOTT
WAS IST HIER LOS?
ARRRRRGH!
TIMMI LERNT GERADE, PAPI ZU IGNORIEREN.

BAM!
DU KRIEGST MICH NICHT!
HE!
KRACH! AU!
WARTE NUR...
Distr. by Bulls
1779
www.babyblues.com
HE! WAS IST LOS? WIESO IST ES BEI EUCH SO RUHIG?
KRACH!
THONK!
PASS AUF! HA! HA! HA! GIB' HER!
BAM!
DAS MACHEN SIE NUR, UM MICH ZU ÄRGERN!
SCHWEIGEMINUTEN?
KIRKMAN & SCOTT

WIE WÄR'S DAMIT?
NEIN! DAS HIER!
1780
DAS IST HÜBSCH...
NEIN.
...ODER DAS.
IGITT.
DAS HATTEST DU LANGE NICHT AN!
NEIN. NEIN. NEIN!
Distr. by Bulls
www.babyblues.com
OKAY! ZIEH EINFACH AN, WAS DU WILLST. ICH STREITE MICH NICHT MIT DIR RUM!
MEIN PAPA HAT MIR HEUTE BEIM AUSSUCHEN DER KLEIDER GEHOLFEN.
KIRKMAN & SCOTT

GÄHN!
Distr. by Bulls
1781
www.babyblues.com
EIN GEBRAUCHTES TASCHENTUCH, DREI ROSINEN, EIN PUPPENSCHUH, ZWEI BONBONS, AUFKLEBER UND 'NE BREZEL.
ICH TRAGE KEINE HOSEN... ICH TRAGE ZWEIBEINIGE MÜLLEIMER MIT GÜRTELSCHLAUFEN.
KIRKMAN & SCOTT

ES IST TOLL, DASS DU DIESEN ALTEN KARTON FÜR DIE KINDER BESORGT HAST.
JA! UND ER IST AUCH RICHTIG STABIL!
KÜHL-GEFRIER-KOMBINATION
OBEN
146
Distr. by Bulls
ICH HABE ES ALS KIND GELIEBT, MIT SOWAS ZU SPIELEN!
OH, JA! UND ES FÖRDERT DIE PHANTASIE!
www.babyblues.com
GIBST DU MIR BITTE MAL DIE SÄGE?
AUS DEM PAPIER KÖNNTE MAN PRIMA DACHZIEGEL MACHEN!
SOLL ICH GERANIEN ODER GÄNSEBLÜMCHEN IN DIE BLUMENKÄSTEN MALEN?
EIN TÜRBOGEN WÄRE VIELLEICHT BESSER.
SIEH MAL! DIE FENSTERLÄDEN FUNKTIONIEREN!
DAMIT WERDEN DIE KINDER STUNDENLANG GUTEN ALTEN SPASS HABEN!
6.30 UHR
GÄHN! SIE WERDEN ES LIEBEN!
MAMI? PAPI?
JAAAA!
UAU!
©1999, BABY BLUES PARTNERSHIP DIST. BY KING FEATURES SYNDICATE
WO IST DER FERNSEHER?
KIRKMAN & SCOTT

NA! WIE GEHT'S PAPIS JUNGEM HEUTE?
WIESO MACHST DU SO EIN GESICHT?
1782
Distr. by Bulls
DIESES GESICHT KENNE ICH DOCH!
DIE HOCHGE-ZOGENE NASE... DIE HALBGE-SCHLOSSENEN AUGEN...DU MUSST...
...NIESEN.
HAA-TSCHII!
www.babyblues.com
KIRKMAN & SCOTT
KNAPPER ALS DU DENKST!
PUUH! DAS WAR KNAPP!
SCHNIEF!

TIMMI ISST POPCORN.
DANN SAG' IHM, ER SOLL DAMIT AUFHÖREN. ES GIBT GLEICH ABENDESSEN.
Distr. by Bulls
UND CHIPS AUCH!
WAS?
UND ERDNÜSSE... UND SMARTIES...
1783
www.babyblues.com
SUSI, DU GEHST JETZT ZU TIMMI UND SAGST IHM, ER SOLL SOFORT AUFHÖREN, DIESES GANZE ZEUG ZU ESSEN.
OKAY.
MAMI HAT GESAGT, DU SOLLST DA RAUS KOMMEN, BEVOR DU DIR DEN APPETIT VERDIRBST!
KIRKMAN & SCOTT

MAMI WÄSCHT SEIN GESICHT NICHT SO.
1784
Distr. by Bulls
MAMI WÄSCHT DIE HAARE GANZ ANDERS.
www.babyblues.com
seufz
MAMI WÄSCHT DIE FÜSSE IMMER ZUERST.
KIRKMAN & SCOTT
HE! WENN DU KEINE HILFE WILLST, MUSST DU'S NUR SAGEN!

JIPIIEH!
HI! HAHA! HEE HEE!
QUIIIETSCH
OKAY, KINDER! ES REICHT! GENUG FÜR HEUTE!
Distr. by Bulls
1785
SCHLAFANZÜGE AN- ZIEHEN UND ZÄHNE PUTZEN. AB MIT EUCH!
NA LOS!
OOOCH!
OCH
www.babyblues.com
BIN GLEICH WIEDER DA UND HELFE DIR HOCH!
BRING ASPIRIN MIT!
KIRKMAN & SCOTT

HE! ICH HAB' MICH VER- RECHNET! ICH HABE 40 MÄUSE MEHR AUF MEINEM KONTO ALS ICH DACHTE!
Distr. by Bulls
JA! JA! JA!
www.babyblues.com
1786
KÖNNTEST DU DIE SACHEN AUS DER REINIGUNG HOLEN?
ES DÜRFTE SO UM DIE 40 EURO KOSTEN.
NEIN! NEIN! NEIN!
KIRKMAN & SCOTT

ES IST TOLL!
Distr. by Bulls
ICH HABE GERADE NACH DEN KINDERN GESEHEN UND SIE SPIELEN FRIEDLICH ZU- SAMMEN, DAS ZIMMER IST AUFGERÄUMT UND SOGR DER FERNSEHER WAR AUS!
1787
www.babyblues.com
KIRKMAN & SCOTT
ALSO GUT...WAS IST HIER **WIRKLICH** LOS?

ZWANZIG MINUTEN ZUM KINO...DREI MINUTEN ZUM PARKEN...ZEHN MINUTEN IN DER SCHLANGE...NEUNZIG MINUTEN DER FILM...DREIUNDZWANZIG MINUTEN FÜR DIE RÜCKFAHRT...
1788
Distr. by Bulls
DAS MACHT 30 MÄUSE FÜR KIKI...24 FÜR EINTRITTSKARTEN...FÜNF FÜR POPCORN...
www.babyblues.com
NACH MEINEN BERECHNUNGEN KÖNNEN WIR UNS ENTWEDER EINEN BABYSITTER LEISTEN ODER INS KINO GEHEN, ABER NICHT **BEIDES**.
IMMER DIESE ENTSCHEIDUNGEN...
HE!
KIRKMAN & SCOTT

ACH DU MEINE GÜTE! DEIN AUGE IST GANZ ROT UND GESCHWOLLEN!
1789
Distr. by Bulls
HOFFENTLICH IST ES KEINE BINDEHAUTENTZÜNDUNG!
WAS IST DAS?
BLINZEL BLINZEL
www.babyblues.com
DAS IST EINE INFEKTION IM AUGE. WIR MÜSSEN AUFPASSEN, ES IST NÄMLICH SEHR...
KIRKMAN & SCOTT
...ANSTECKEND.
BLINZEL BLINZEL
BLINZEL BLINZEL

ES HANDELT SICH UM EINE BINDEHAUTENTZÜNDUNG, FRAU MEIER.
1790
Distr. by Bulls
www.babyblues.com
GEBEN SIE JEDEN TAG VIER TROPFEN IN JEDES AUGE, DANN DÜRFTEN SIE KEINE PROBLEME MEHR HABEN.
OH JA... **KEINE** PROBLEME MEHR.
KIRKMAN & SCOTT

BINDEHAUT-ENTZÜNDUNG?? BEI BEIDEN??
JA. WIR SIND GERADE VOM ARZT ZURÜCK-GEKOMMEN.
1791
Distr. by Bulls
SIE BEKOMMEN EIN WOCHE LANG VIER MAL AM TAG AUGENTROPFEN.
DAS HÖRT SICH JA NICHT SO SCHLIMM AN.
www.babyblues.com
NEIN. ICH ZEIG DIR, WIE MAN DAS MACHT, WENN DU NACH HAUSE KOMMST.
PRIMA!
KIRKMAN & SCOTT

ALSO DIESE BINDEHAUT-ENTZÜNDUNG IST HOCH-ANSTECKEND, JA?
OH, JA. SEHR.
1792
Distr. by Bulls
ES BREITET SICH WIE EIN LAUFFEUER AUS. SUSI DARF AUCH NICHT IN DIE VORSCHULE.
www.babyblues.com
UND WIR MÜSSEN UNSERE HÄNDE HÄUFIG WASCHEN UND ALLES STERILISIEREN, DAMIT WIR UNS...
...NICHT AN-STECKEN.
ZU SPÄT!
BLINZEL BLINZEL
KIRKMAN & SCOTT

AAAAAAGH!
JETZT HABE ICH AUCH NOCH BINDEHAUTENTZÜNDUNG!
1793
Distr. by Bulls
www.babyblues.com
WIE KÖNNEN WIR NUR ALLE GLEICH-ZEITIG KRANK WERDEN? DAS IST NICHT FAIR!
KIRKMAN & SCOTT
WIR SEHEN AUS WIE EINE FAMILIE VON POPEYE-IMITATOREN.
WO IST DER SPINAT?

147
BLÄH-LÄ-LÄ-LÄ-BÄH-LA-LA-LA!
Distr. by Bulls
IIIIIIH!
DUBI-DU! DUBI-DU! DUBI-DU!
www.babyblues.com
ÄHEM!
TIMMI SCHLÄFT NICHT, OBWOHL DU ES IHM GESAGT HAST!

JAAAA!
SPRITZ
SPRITZ SPRITZ
SPRITZ
JAAAA!
SPRITZ
SPRITZ
SPRITZ
JAAAA!
1794
DU HAST NUR GESAGT, ICH SOLL DEN KINDERN DIE AUGENTROPFEN GEBEN...DU HAST NICHT GESAGT, WIE.
Distr. by Bulls
www.babyblues.com
KIRKMAN & SCOTT

DU WIRST ES NICHT GLAUBEN, MUTTER, WIR HABEN ALLE BINDEHAUTENTZÜNDUNG!
Distr. by Bulls
JA! SUSI, TIMMI, PAUL UND ICH...WIR ALLE!
1795
www.babyblues.com
KIRKMAN & SCOTT
ES IST FURCHTBAR! DIE KINDER KÄMPFEN, PAUL STEHT MIR DIE MEISTE ZEIT IM WEG, JEDER KRÄNKELT HERUM...
OH JE, WIE SCHAFFST DU DAS?
ICH HAB' MEINE METHODEN.
MAMI?
BABS?
WO IST MAMI?

SIEH NUR, WAS ALLES IN SUSIS FACH IN DER VORSCHULE WAR!
ALL DAS NACH NUR ZWEI FEHLTAGEN?
1796
www.babyblues.com
Distr. by Bulls
DAS SEHE ICH SPÄTER DURCH.
JA. LASS UNS EINFACH FROH SEIN, DASS DIE BINDEHAUTENTZÜNDUNG VORBEI IST UND WIR WIEDER ALLE GESUND SIND.
HOFFENTLICH MÜSSEN WIR UNS NIE WIEDER MIT SO ETWAS ABSCHEULICHEM HERUMÄRGERN!
SEHR UNWAHRSCHEINLICH.
ACHTUNG!! In der Vorschule sind Fälle von Kopflausbefall aufgetreten
KIRKMAN & SCOTT

AAAAAAARGGHHH!
Distr. by Bulls
1797
STAMPF! STAMPF! STAMPF! STAMPF!
KIRKMAN & SCOTT
www.babyblues.com
ICH KÖNNTE DOCH AUF DIE KINDER AUFPASSEN, WÄHREND DU ESSEN MACHST?
ACH…DASS ICH NICHT DARAUF GEKOMMEN BIN.

KIRKMAN & SCOTT
©2000, BABY BLUES PARTNERSHIP, DIST. BY KING FEATURES SYNDICATE www.babyblues.com
1798
Distr. by Bulls

MAMPF SCHLÜRF
KNUSPER
AHHH!
OKAY, MAMI! FERTIG!
1799
Distr. by Bulls
IHR HABT DIE GANZEN KEKSE AUFGEGESSEN? PRIMA!
DANKE!
www.babyblues.com
KIRKMAN & SCOTT
WORAUF WARTET IHR NOCH?
NACHTISCH!

HMMMM...
Distr. by Bulls
MACHT MICH DIESE HOSE DICK?
SCHWUPP
JA.
seufz
DU HAST RECHT.
www.babyblues.com
1800
KIRKMAN & SCOTT
©2000, Baby Blues Partnership Dist. by King Features Syndicate 3-29
WOW...ICH WUSSTE NICHT, DASS MAN DIE FRAGE MIT "JA" BEANTWORTEN KANN UND AM **LEBEN** BLEIBT.
ICH WÜRDE ES AN DEINER STELLE NICHT VERSUCHEN.

MAMI! TIMMI NIMMT ALLE BAUKLÖTZE UND GIBT MIR **KEINE** AB!
Distr. by Bulls
MAMI! TIMMI NIMMT DIE GANZEN KEKSE!
1801
www.babyblues.com
MAMI! TIMMI NIMMT DEN GANZEN SCHAUM!
seufz
3-30
©2000, Baby Blues Partnership, Dist. by King Features Syndicate
MAMI! TIMMI ATMET DIE GANZE LUFT WEG!
SCHNÜFF SCHNÜFF SCHNÜFF
DU BIST DRAN!
KIRKMAN & SCOTT

KANN ICH BITTE NOCH MILCH HABEN?
SICHER, SCHATZ.
Distr. by Bulls
OH, WENN DU DABEI BIST, BRINGST DU DAS SALZ MIT?
OKAY.
www.babyblues.com
HABEN WIR KETCHUP?
ICH HOL' IHN.
UND WIE STEHT ES MIT GURKEN?
OKAY.
HAST DU NOCH DU NOCH CORNFLAKES?
JA.
1802
HIER BITTE! SONST NOCH WAS, BEVOR ICH MICH HINSETZE, UM **MEIN** ESSEN ZU ESSEN?
3-31
©2000 Baby Blues Partnership Dist. by King Features Syndicate
MILK
Cheerios
WAS GIBT'S ZUM NACHTISCH?
KIRKMAN & SCOTT

WAS IST DAS?
EIN ULTRASCHALL-BILD VON DIR, BEVOR DU GEBOREN WARST.
Distr. by Bulls
DU MEINST, ALS ICH NOCH IN MAMIS BAUCH WAR?
JA GENAU.
KIRKMAN & SCOTT
www.babyblues.com
1803
SUSI, WAS MACHST DU DA?
ICH SUCHE DEN FOTO-APPARAT!

JA! NEIN!
JA! NEIN!
JA! NEIN!
JA! NEIN!
JA! NEIN!
1804
Distr. by Bulls
WORÜBER STREITET IHR EUCH DENN?
www.babyblues.com
KIRKMAN & SCOTT
MUSS MAN SICH DENN UNBEDINGT ÜBER IRGENDWAS STREITEN?

SEI SCHÖN BRAV IN DER VORSCHULE.
BIN ICH.
1805
Distr. by Bulls
www.babyblues.com
VIEL SPASS UND HÖR AUF DEINE LEHRER.
HÅ?
ICH SAGTE, "VIEL SPASS UND HÖR AUF DEINE LEHRER".
GLEICH-ZEITIG?
KIRKMAN & SCOTT

MARKIERE DIE OJEKTE, DIE NICHT DAZU GEHÖREN.
Objekte
11-21
148
VERSTEH' ICH NICHT!
ES BEDEUTET, DU SOLLST DINGE MARKIEREN, DIE MAN **NICHT** IM MEER FINDET.
Distr. by Bulls
MAN KANN **ALLES** IM MEER FINDEN, WENN ES JEMAND HINEIN WIRFT.
HÖR' ZU...DU SOLLST DINGE MARKIEREN, DIE NORMALERWEISE IM **MEER SEIN SOLLTEN**, OKAY? MACH' ES NICHT SCHWIERIGER, ALS ES IST!
www.babyblues.com
DIE AUFGABE **IST** VERWIRREND!
DAS SIND NICHT **DEINE** AUFGABEN!!
FERTIG!
BABY BLUES PARTNERSHIP DIST. BY KING FEATURES SYNDICATE

TA-DAAA! EIN NEUER TEDDYBÄR FÜR JEDEN VON EUCH!
WOW!
JAA!
1806
Distr. by Bulls
ICH NENNE MEINEN CHRISTINA-SONNENBLUME-GLITZER-GUMMIBÄRCHEN-KUSCHELROSA!
WIE SÜSS. UND WIE WILLST DU DEINEN BÄREN NENNEN, TIMMI?
www.babyblues.com
AUTO!
KIRKMAN & SCOTT
LA LI LA LA LA
SO VIEL ZUM THEMA GESCHLECHTSUNABHÄNGIGES SPIELZEUG.
BBBBBBBB

SUSI, WAS MÖCHTEST MORGEN ZUM FRÜHSTÜCK MITNEHMEN?
EIN GELEEBROT OHNE KRUSTE, FISCHLIS, APFELSTÜCKCHEN, MILCH UND EIN STÜCK KUCHEN.
1807
Distr. by Bulls
GENAU DAS GLEICHE HATTEST DU HEUTE DABEI UND DU HAST ES KAUM ANGERÜHRT!
www.babyblues.com
WENN ICH MIR DIE MÜHE MACHE, DIR DEIN FRÜHSTÜCK ZU PACKEN, DANN ERWARTE ICH AUCH, DASS DU ES ISST.
KIRKMAN & SCOTT
WENN DAS SO IST, NEHME ICH NUR DEN KUCHEN.

Distr. by Bulls
1808
WHACK!
www.babyblues.com
KIRKMAN & SCOTT
DEIN KLEINER BRUDER IST KEIN PUCK!
ICH WEISS, ICH ÜBE AUCH NUR!

LIEST DU UNS NOCH EINE GESCHICHTE VOR, PAPI?
OCH, SCHATZ, PAPI IST SO MÜDE.
BITTE?? MAMI LIEST UNS **IMMER** EINE GESCHICHTE VOR! HEUTE BIST DU DRAN!
PAPI, BITTE? LESEN!
OKAY, OKAY.
JAA! PAPI LIEST 'NE GESCHICHTE!
PAPI LIEST NE GESCHICHTE!
JAA! PAPI!
ABER LIES SIE GENAUSO, WIE MAMI ES MACHT!

DU ZUERST.
ICH ERÖFFNE MIT EINEM LAUNISCHEN CHEF.
ICH SEHE DEINEN LAUNISCHEN CHEF UND BIETE ZWEI RACKER.
OKAY...ICH SEHE DEINE RACKER UND BIETE EIN MEETING UND EINEN COMPUTERABSTURZ.
ICH SEHE DEIN MEETING UND DEINEN COMPUTERABSTURZ UND BIETE DIR OHRENSCHMERZEN, ZWEI LAUFENDE NASEN UND EINEN VERREGNETEN TAG.
ICH PASSE.
RUMMS
ICH SOLLTE GEGEN EINE MUTTER NICHT "WIE-WAR-DEIN-TAG-POKER" SPIELEN.
HER MIT DER KOHLE.

WENN DU DEINE HÄNDE ÜBER DEM WASCHBECKEN ABSCHÜTTELST, WIRD DER FUSSBODEN NICHT NASS.
OHHHHHH.

www.babyblues.com
1812
WIR HABEN EIN PROGRAMM GEFUNDEN, DAS HEISST MTV!
WO IST DIE KINDERSICHERUNG WO IST SIE?
Distr. by Bulls
KIRKMAN & SCOTT

ächz
EIN NEUES T-SHIRT! ICH LIEBE ES!
ES IST FÜR TIMMI. SIEHST DU? DA IST EIN BILD VON EINEM LKW.
1813
Distr. by Bulls
IHM GEFÄLLT ES WAHRSCHEINLICH. ER MAG BLÖDE T-SHIRTS.
KIRKMAN & SCOTT
www.babyblues.com
"BLÖDES T-SHIRT??" VOR EINER MINUTE HAST DU ES NOCH GELIEBT!
VOR EINER MINUTE DACHTE ICH AUCH, ES SEI MEINS.

Distr. by Bulls
MAMI! HALT! WARTE!
KRATZ KRATZ
AHHHHH!
KRATZ KRATZ
1814
www.babyblues.com
DANKE, MAMI! TSCHÜSS!
ICH MUSS DRINGEND MEINE BEINE RASIEREN.
KIRKMAN & SCOTT

SUSI, SIEH BITTE MAL NACH, OB PAPI HILFE BEIM KOCHEN BRAUCHT.
OKAY.
1815
Distr. by Bulls
OH, NEIN! OH, NEIN! OH, NEIN!
PFSCHHH
BLUBBER BLUBBER
UND..?
ER HAT "OH, NEIN" GESAGT.
KIRKMAN & SCOTT

VERGESST NICHT, DIE SCHUHE AUSZU-ZIEHEN!
1816
Distr. by Bulls
UND PASST AUF, DASS TIMMI IN DER BALLKISTE NICHT WIEDER DIE SOCKEN...
OH-OH.
...VER-LIERT.
TIMMI HAT SCHON WIEDER SEINE SOCKEN VERLOREN.
KIRKMAN & SCOTT

OH, TIMMI. DAS IST SCHON DAS DRITTE PAAR SOCKEN, DAS DU DIESEN MONAT IN DER BALLKISTE VERLOREN HAST!
TSCHUL-DIGUNG
1817
Distr. by Bulls
SUSI, KÖNNTEST DU...
KEINE SORGE, MAMI, DIE FINDE ICH!
RASCHEL
RASCHEL
RASCHEL
UND..?
ICH HABE EINE GUTE UND EINE SCHLECHTE NACHRICHT.

UM HIMMELS WILLEN!!
TIMMI! HIER DRAUSSEN FRIERT ES! KOMM REIN UND LASS DIR DIE KLEIDER WIEDER ANZIEHEN!
NEIN.
www.babyblues.com
DOCH!
NEIN.
NEIN! NEIN!
DOCH! DOCH!
DOCH! DOCH! DOCH!
NEIN! NEIN! NEIN! NEIN!
DOCH! DOCH! DOCH! DOCH! DOCH!
NEIN! NEIN! NEIN! NEIN! NEIN!
11-28 KIRKMAN & SCOTT
HAB' ICH DICH!
NEIN! NEIN! NEIN! NEIN! NEIN! NEIN!
Distr. by Bulls
BRRR! HIER DRAUSSEN IST ES EISKALT! WIESO ZIEHST DU IHM KEINE WARMEN SACHEN AN?

IHR WARTET HIER, WÄHREND ICH SUSIS SOCKEN SUCHE!
OKAY.
1818
HAST DU MEINE SOCKEN GEFUNDEN?
ICH GLAUBE SCHON.
ABER ZUERST MÜSSEN WIR EIN WENIG SORTIEREN...
KIRKMAN & SCOTT

KANNST DU MIR SAGEN, WIE SPÄT ES IST, SUSI?
KLAR.
MAL SEHEN...WIR HABEN ZU ABEND GEGESSEN, ICH HABE MEINEN SCHLAFANZUG AN UND MAMI STILLT TIMMI...
...ALSO MUSS ES ETWA 19.38 UHR SEIN.
1819
19.38
ICH GLAUBE, UNSER TAGESABLAUF IST ZU ROUTINIERT.

ICH BIN AM VERHUNGERN, WAS GIBT'S ZU ESSEN?
NUN...
1820
...WIE WÄR'S MIT GEDÜNSTETEM LACHS AUF FETTUCCINE AN DILLCREMESAUCE, DAZU EIN CÄSAR-SALAT UND FRISCHES GEDÄMPFTES GEMÜSE?
WOW! DAS KLINGT WIE EINE MENÜ AUF DER SPEISEKARTE EINES...
...RESTAURANTS.
VERGISS DEINE BRIEFTASCHE NICHT!
4-21 KIRKMAN & SCOTT

PROBIER DOCH WENIGSTENS EINEN BISSEN VON DER ROTEN BEETE.
BÄH! ICH HASSE ROTE BEETE!
Distr. by Bulls
WOHER WEISST DU, DASS DU ETWAS HASST, WENN DU ES NOCH NICHT MAL PROBIERST?
www.babyblues.com
1821
ICH WEISS ES EINFACH.
KIRKMAN & SCOTT

SCHWABB SCHWABBI DUBIDU
Distr. by Bulls
HMM HMM...ALL DAS MAG ICH...
KIRKMAN & SCOTT
1822
www.babyblues.com
...UND GANZ DOLL MICH!
ICH BRAUCHE UNBEDINGT NEUE CDS FÜR'S AUTO!
KLATSCH! KLATSCH! KLATSCH! KLATSCH KLATSCH!
NOCHMAL, MAMI!

EIN JUNGE AUS MEINER KLASSE ISST SEINE POPE...
KICHER
SUSI!
Distr. by Bulls
ÜBER SOLCHE DINGE SPRICHT MAN NICHT BEIM ESSEN!
www.babyblues.com
ES WÄRE UNS ALLEN LIEBER, WENN DU BEIM ESSEN ÜBER WENIGER EKLIGE DINGE SPRECHEN KÖNNTEST!
OH.
DANN ERINNERT MICH BITTE DARAN, DASS ICH EUCH SPÄTER VON DER KOTZE IM FRÜHSTÜCKSRAUM ERZÄHLE.
KIRKMAN & SCOTT
1823

MAMI! TIMMI TRITT MICH!
TIMMI! HÖR AUF, DEINE SCHWESTER ZU TRETEN!
Distr. by Bulls
1824
ER TRITT MICH SCHON WIEDER!
TIMMI! ICH SAGTE, DU SOLLST DAMIT AUFHÖREN!
www.babyblues.com
ER HAT MICH SCHON WIEDER GETRETEN!
WAS??
HÖRT ER DENN NICHT, WAS ICH SAGE?!
DOCH, ABER ER TRITT MICH TROTZDEM JEDES MAL, WENN ICH IHN ZWICKE!
KIRKMAN & SCOTT

MAMI, IST DAS EIN WORT?
Distr. by Bulls
IGGMH!!
1825
www.babyblues.com
ÄHM...ÄH...NUN...ÄH...NEIN. DAS IST KEIN WORT.
OH, OKAY.
SIEHST DU, ICH HAB' DOCH GESAGT, DASS BUCHSTABEN LUSTIG SEIN KÖNNEN!
KIRKMAN & SCOTT

SUSI UND TIMMI KÄMPFEN MITEINANDER, SEIT SIE AM MORGEN AUFGEWACHT SIND. UND ICH WAR DEN GANZEN TAG LANG EINE HEXE.
1826
Distr. by Bulls
www.babyblues.com
JEDES MAL, WENN ICH KURZ DAVOR WAR, DIE BEHERRSCHUNG ZU VERLIEREN, KAMEN SIE BEIDE ZU MIR, UMARMTEN UND KÜSSTEN MICH.
DAS HÖRT SICH NICHT AN, ALS WÄRST DU DIE...
ALSO KOCHTE ICH SIE NICHT UND DACHTE, DASS WIR SIE LIEBER HEUTE ABEND VERSPEISEN.
...HEXE GEWESEN.
KIRKMAN & SCOTT

KOMM HER, TIMMI...DU HAST DA WAS AM MUND.
NEIN!
1827
Distr. by Bulls
KOMM HER! ICH WILL DOCH NUR...HALT STILL...STOP... ZIEH NICHT SO, SONST...
NEIN! NEIN! NEIN! NEIN! NEIN! NEIN! NEIN!
www.babyblues.com
WHUMP!
©2000, Baby Blues Partnership Dist. by King Features Syndicate 4-29
KOMM HER...DU HAST DA WAS AN DER NASE.
KIRKMAN & SCOTT

MAMI, WÄRE ES OKAY, WENN WIR DRAUSSEN DIE TERRASSE MIT DEINEM NEUEN LIPPENSTIFT ANMALEN?
NEIN, DAS WÄRE NICHT OKAY!
Distr. by Bulls
ÜBERHAUPT-NICHT-OKAY, ODER NICHT-SO-OKAY?
ÜBER-HAUPT-NICHT-OKAY!
1828
www.babyblues.com
©2000, Baby Blues Partnership Dist. by King Features Syndicate 5-1
SO WIE HAUS-ARREST ODER KEIN NACHTISCH ODER EINE WOCHE KEIN FERNSEHEN?
IRGENDWAS KOMMT MIR AN DIESEM GESPRÄCH KOMISCH VOR...
KIRKMAN & SCOTT

GEH UND FRAG DEN JUNGEN, OB ER MIT DIR SPIE-LEN MÖCHTE, TIMMI.
ER HEISST MATTHIAS.
Distr. by Bulls
DU MUSST NUR SAGEN "HALLO, ICH BIN TIMMI, MÖCHTEST DU MIT MIR SPIELEN?"
www.babyblues.com
LKW?
TRAKTOR?
1829
KIRKMAN & SCOTT
©2000, Baby Blues Partnership Dist. by King Features Syndicate 5-2
ODER SO...
FAHRZEUGE: DIE UNI-VERSAL-SPRACHE DER MÄNNER.
BBBB

NMGN NMGN NMGN...
DAS IST MEIN TEDDY, WEISST DU.
150
SCHON GUT, TIMMI...DU DARFST DAMIT SPIELEN.
SUSI! ICH BIN STOLZ AUF DICH!
NMGN NMGN NMGN...
www.babyblues.com
12-5
IST ES NICHT SCHÖNER, DIE SPIELSACHEN MIT DEINEM KLEINEN BRUDER ZU TEILEN, ANSTATT SICH ZU STREITEN?
UH-HUH!
NMGN NMGN NMGN...
Dist by Bulls
ICH HAB' SOWIESO NICHT MEHR VIEL MIT IHM GESPIELT, SEIT ER IN DIE TOILETTE GEFALLEN IST.
NMGN NMGN NMGN...
KIRKMAN & SCOTT

Distr. by Bulls
1830
www.babyblues.com
MAMI!!
ANGRIFF DER KILLER-FLUSEN!
HALT MICH!

SUSI, KANNST DU BITTE PAPI SAGEN, DASS ICH IHN BRAUCHE?
KLAR.
Distr. by Bulls
PAPI! MAMI BRAUCHT DICH!
1831
www.babyblues.com
VIELEN DANK.
SONST NOCH WAS?
NEIN.
ICH BRAUCHE EIN ASPIRIN.
BRING ASPIRIN MIT!

PUUH! WAS FÜR EIN TAG!
Distr. by Bulls
www.babyblues.com
ICH MÖCHTE NUR NOCH MEINE SCHUHE AUSZIEHEN, AUF DEM SOFA LIEGEN UND...
1832
HA! ICH HAB' GEWONNEN. MEINE IST LÄNGER!
...ENT-SPANNEN.
MIST!
DU HILFST DOCH DEN KINDERN BEIM ZÄHNE-PUTZEN, ODER PAUL?

ZIEH DOCH HEUTE DIE ROSA HOSE AN, SUSI.
Distr. by Bulls
NEIN! NICHT DIE ROSA HOSE! ICH HASSE DIE ROSA HOSE! ICH MUSS IMMER NUR DAS ANZIEHEN, WAS DU WILLST UND NIE DARF ICH DAS ANZIEHEN, WAS ICH WILL!
OKAY! ZIEH' AN, WAS DU WILLST!
1833
KIRKMAN & SCOTT
UND WAS?

ICH MACHE MIR SORGEN DARÜBER, WIE ICH DIE KINDER IN LETZTER ZEIT ANSCHREIE.
1834
Distr. by Bulls
JA?
JA. ES IST IRGENDWIE NICHT RICHTIG.
www.babyblues.com
AU! STOP! BEISS! PENG! KLOPF! HÖR AUF!
KIRKMAN & SCOTT
DU MEINST, DU SCHREIST ZU VIEL?
ICH DENKE, ICH SCHREIE ZU LEISE.

BABS, TUST DU MIR EINEN GEFALLEN?
1835
Distr. by Bulls
KÖNNTEST DU DICH NACH DER SCHULE FÜR EINE STUNDE UM FELIX KÜMMERN?
ÄH, ICH... ÄHM...
www.babyblues.com
ICH WÄRE DIR WIRKLICH DANKBAR UND DA SUSI UND FELIX SICH SO GUT VERSTEHEN, MACHT ES DIR SICHER NICHTS AUS. ICH HOLE IHN UM ZWEI AB.
ÄHM...GUT.
GLAUBT FELIX IMMER NOCH, ER SEI EIN DINOSAURIER UND BEISST JEDEN?
NUR WENN SEINE MUTTER NICHT DA IST.
KIRKMAN & SCOTT

HMMMM! LECKER DER HAMBURGER!
JA.
Distr. by Bulls
1836
www.babyblues.com
5-10
ES IST RICHTIG NETT HIER.
SAUBERE TISCHE...GUTER SERVICE...TOLLES ESSEN...
ICH KÖNNTE ABER AUF DEN STROH-HALMSPENDER DIREKT AM TISCH VERZICHTEN.
SEHT MAL! EINE ANGEL-RUTE!
KIRKMAN & SCOTT

MÖCHTEST DU EINEN TEE, PAPI?
GERNE.
Distr. by Bulls
MOMENT MAL... WO HABT IHR DAS WASSER HER?
MAMI HAT ES UNS GE-GEBEN.
1837
www.babyblues.com
DANN IST JA GUT.
SCHLÜRF
PTTTTHHHT!
ABER DAS WAR LEER, DESHALB HABEN WIR NOCH WAS AUS DEM AQUARIUM GEHOLT.
KIRKMAN & SCOTT

RATE MAL, WAS WIR MON-TAG IN DER VORSCHULE GEMACHT HABEN.
ÄÄHHH...HABT IHR EINEN FILM ANGE-SEHEN?
Distr. by Bulls
www.babyblues.com
NEIN! RATE NOCHMAL!
NEIN.
NEIN.
NEIN.
NEIN.
HABT IHR EIN BILD GEMALT?
HABT IHR EIN LIED GELERNT?
EIN INSTRUMENT GESPIELT?
HAST DU EINEN NEUEN FREUND?
1838
KIRKMAN & SCOTT
IRGENDWIE HAB' ICH DAS GE-FÜHL, DASS DAS NOCH EINE WEILE SO WEITER-GEHT.
JA! MAMI SPIELT ES SCHON DIE GANZE WOCHE!
UND JETZT IST PAPI DRAN.

PAPI! TIMMI WAR BÖSE!
ER IST OHNE ANZUKLOPFEN IN MEIN ZIMMER GEGANGEN, ER HAT AUF DIE GANZE TÜR FINGERABDRÜCKE GEMACHT, ER HAT GEGEN MEIN PUPPENBETT GETRETEN, ER HAT VON MEINEN OSTERNASCHEREIEN GEGESSEN, OHNE ZU FRAGEN UND AUSSERDEM HAT ER MIR DIE ZUNGE RAUSGESTRECKT, NUR UM MICH ZU ÄRGERN!
SUSI HAT MICH GEHAUEN!
AUSSERDEM IST ER EINE PETZE!
WIR MÜSSEN REDEN.

WAS MACHST DU DA, SUSI?
HAUSAUFGABEN.
WELCHE HAUSAUFGABEN?
NUN, WIR MÜSSEN GLEICHE DINGE ANKREUZEN, ALLE BUCHSTABEN DES ALPHABETS SCHREIBEN, BIS ZWANZIG ZÄHLEN...
SAG MIR, WENN ICH DIR ZU SCHNELL BIN.
KIRKMAN & SCOTT

WARTE, PAPI! NICHT DEN MÜLL RAUSBRINGEN!
WIESO?
MEIN KLEINER GELBER BÄR IST DA DRIN! WÄÄÄÄÄ! ER IST FÜR IMMER WEG!
BERUHIG' DICH... WIR SEHEN NACH...
MEIN ARMER BÄR! WIE IST DAS NUR PASSIERT?
KEINE SORGE, SUSI...PAPI IIIHHH FINDET DEINEN BÄR UND WENN ICH JEDES UGH EKELHAFTE STÜCK MÜLL WÜRG DURCHSEHEN MUSS.
OH...WARTE! ER STECKT JA IN MEINER TASCHE. NA JA...MACHT NICHTS.
KIRKMAN & SCOTT

GÄHN!
CORN FLAKES
SCHÜTTEL SCHÜTTEL SCHÜTTEL
PLING!
PROBIER DIE MAL... DIE SIND LECKER!
NOUGAT KARAMEL HONIG BROCKEN
NATUR PUR
ZUCKER WATTE FLAKES
KINDER SONDERANGEBOT
WAS TUST DU DA?
I-I-ICH V-VERSUCHE C-C-C-CORNFLAKES Z-Z-ZU SCH-SCH-SCH-SCHREIB-B-BEN!
GROCERY LIST
Distr. by Bulls
KIRKMAN & SCOTT
www.babyblues.com

UFF! ÄCHZ!
Distr. by Bulls
1842
SIEH NUR, DA IST ER!
seufz JA.
www.babyblues.com
KIRKMAN & SCOTT
DAS WECKT ERINNERUNGEN, NICHT WAHR?
OH, JA!
UND JETZT ZURÜCK ZUR REALITÄT!
BEI MANCHEN MENSCHEN WECKEN ALTE FILME NOSTALGIE... WIR SEHEN UNS EINFACH DIE SAUBERE STELLE AUF DEM TEPPICH AN.

HALLO, SCHATZ. ICH WOLLTE NUR MAL HÖREN, WAS IHR GERADE SO MACHT.
IM MOMENT RUPFEN SUSI UND ICH BLUMEN IM UNKRAUTBEET.
Distr. by Bulls
HA! HA! DU MEINST "UNKRAUT IM BLUMENBEET", STIMMT'S?
LEIDER NEIN.
UND DIE...IST DAS UNKRAUT ODER EINE BLUME?
1843
KIRKMAN & SCOTT
www.babyblues.com

SUSI, GIBST DU MIR BITTE DAS PAPIER DORT NEBEN DIR?
Distr. by Bulls
1844
DIE VERPACKUNG VON DEN LUTSCHERN NEHME ICH AUCH.
www.babyblues.com
UND WENN IHR FERTIG SEID, BRINGT MIR BITTE AUCH DIE STIELE UND DIE PAPIERTÜCHER, OKAY?
ICH FRAG' MICH, WIESO ELTERN SO WILD AUF MÜLL SIND.
KIRKMAN & SCOTT

SICHER…
1845
Distr. by Bulls
www.babyblues.com
…ES IST ZEIT FÜR DEN ABWASCH, ZEIT, EINE LADUNG WÄSCHE IN DIE WASCHMASCHINE ZU PACKEN, ZEIT, DIE KINDER ZU BADEN, ZEIT, EINKAUFEN ZU GEHEN, ZEIT FÜR DIE BUCHHALTUNG, ZEIT, AUFZURÄUMEN, ZEIT FÜR'S AUTOWASCHEN, ZEIT ZUM STAUBSAUGEN.
FRAG NIE EINE HAUSFRAU, WIE SPÄT ES IST.
ZEIT FÜR ALLES, NUR NICHT FÜR **MICH!**
KIRKMAN & SCOTT

MAMI, KANN ICH EIN EIS HABEN?
SICHER.
1846
Distr. by Bulls
OH-OH…NUR NOCH EINS DA.
ICE CREAM
KIRKMAN & SCOTT
www.babyblues.com
ICH TEILE ES IN ZWEI HÄLFTEN FÜR DEN FALL, DASS TIMMI AUFWACHT UND AUCH WELCHES MÖCHTE.
SOGAR IM SCHLAF VERDIRBT MIR MEIN KLEINER BRUDER DEN SPASS!

MAL DOCH EINEN COWBOY!
ICH WEISS NICHT, WAS ICH MALEN SOLL.
1847
Distr. by Bulls
AAAGH!
DAS IST EIN FURCHTBARER COWBOY!
www.babyblues.com
ER IST BLÖD! ER IST DOOF! DAS IST DAS SCHLECHTESTE BILD, DAS ICH JEMALS GEMALT HABE UND ES IST DEINE SCHULD!
REISS!
SPRITZ!
WAS SOLL ICH DENN JETZT MALEN?
EGAL…NUR KEINEN COWBOY
KIRKMAN & SCOTT

HEUTE HAT EIN JUNGE GESAGT, DASS SEINE MAMI SCHÖNER SEI ALS MEINE.
UND WAS HAST DU GESAGT?
Distr. by Bulls
1848
ICH SAGTE, IST SIE NICHT UND ER SAGTE, IST SIE DOCH.
www.babyblues.com
UND ICH SAGTE, IST SIE NICHT UND ER SAGTE, IST SIE DOCH UND ICH SAGTE, IST SIE NICHT UND ER SAGTE, IST SIE DOCH UND ICH SAGTE IST SIE NICHT UND BOXTE IHN IN DEN BAUCH.
ICH HALTE AUSEINANDERSETZUNGEN GERNE KURZ.

WO IST DAS NIEMANDSLAND? WER HAT DIE ZAHNPASTA ERFUNDEN? WORAUS WIRD TEPPICH GEMACHT? WIE KOMMT DER TON AUS DEM RADIO? KÖNNEN FISCHE LACHEN? WIE VIELE SEITEN HAT EIN BUCH? WIESO TRAGEN GORILLAS KEINEN SCHMUCK?
©Baby Blues Partnership/Distr. KFS/Bulls
1849
Distr. by Bulls
www.babyblues.com
WAS BEDEUTET DAS "T" VON T-SHIRT? WIE KOMMT DIE MINE IN DEN BLEISTIFT? WOHER KOMMT EIGENTLICH GUMMI? WIESO MUSS MAN EIN UNTERHEMD UNTEN DRUNTER TRAGEN? IST EIN COMPUTER SCHLAUER ALS EIN TELEFON? KÖNNEN HÜHNER SINGEN?

SOMMER AUS SICHT EINER FRAU
IRGENDWIE MUSS ICH IN DEN ALTEN BADEANZUG PASSEN!
1850
Distr. by Bulls
www.babyblues.com
SOMMER AUS SICHT EINES MANNES
ZEIT FÜR EINE GRÖSSERE BADEHOSE!
SOMMER AUS SICHT EINES KINDES
WIESO MÜSSEN WIR UNSERE BADESACHEN ANZIEHEN?

SEHT MAL, KINDER! PAPI HAT EIN NEUES PUPPENHAUS FÜR EUCH!
1851
Distr. by Bulls
PUPPENHAUS?? DAS SIEHT AUS WIE EINE HUNDEHÜTTE!
www.babyblues.com
ICH HABE KEINEN HUND! WAS SOLL ICH ALSO MIT EINER HUNDEHÜTTE?
KIRKMAN & SCOTT

WIR PROBIEREN DAS MAL AN...
IST DAS NICHT SUSIS ALTER PULLI?
1852
Distr. by Bulls
WAR ER... ABER JETZT IST ER IHR ZU KLEIN.
ABER TIMMI IST ER NOCH ZU GROSS, ODER?
www.babyblues.com
JA, ABER WENN ICH DIE ÄRMEL EIN BISSCHEN AUFROLLE, GEHT ES BESTIMMT.
ARMER JUNGE... ER TRÄGT KEINE ABGELEGTEN SONDERN AUFGEROLLTE KLEIDER.
KIRKMAN & SCOTT

WAS IST DAS, PAPI?
DAS IST MEIN ALTER SQUASHSCHLÄGER.
1853
Distr. by Bulls
WAS IST SKWOSCH?
SQUASH? GIB' HER...ICH ZEIG'S DIR!
www.babyblues.com
DAS IST EIN SPIEL, BEI DEM MAN EINEN KLEINEN GUMMIBALL SO...
AU!!
SAGEN WIR ETWAS, AUS DEM ICH RAUSGEWACHSEN BIN.
OHHH...SO WIE LIEGESTÜTZ UND KNIEBEUGEN?
KIRKMAN & SCOTT

WELCHER TAG IST HEUTE, PAPI?
ES IST DER 2. JANUAR.
UND WAS SCHREIBE ICH BEIM JAHR?
LETZTES JAHR WAR 1999? UND WAS KOMMT NACH NEUNZEHNHUNDERT-NEUN-UNDNEUNZIG?
www.babyblues.com
NEUNZEHN-HUNDERT-**EINHUNDERT**?
NEIN! **ZWEITAUSEND**! HEUTE IST DER ZWEITE JANUAR ZWEITAUSEND!
152
Distr. by Bulls
2000 NACH CHRISTUS... IM JAHRE DES HERRN. MIT ANDEREN WORTEN, VOR ZWEITAUSEND JAHREN IST JESUS CHRISTUS GEBOREN, ZUMINDEST LAUT GREGORIANISCHEM KALENDER, DER HEUTZUTAGE IN DEN MEISTEN NICHT-MOSLEMISCHEN-LÄNDERN BENUTZT WIRD.
1-2-2000
DANKE, PAPI. JETZT WEISS ICH, WAS ICH TUN MUSS.
OH, BITTE GERN...
ICH GEHE UND FRAGE MAMA.
...GESCHEHEN.
KIRKMAN & SCOTT

DAS VERSTEHE ICH NICHT!
1854
Distr. by Bulls
ICH HABE DOCH GESTERN ERST EINE NEUE PACKUNG AUFGEMACHT!
KIRKMAN & SCOTT
www.babyblues.com
HAT IRGENDJEMAND EINE FUNKELNAGELNEUE PACKUNG MIT...
...HAFTNOTIZEN GESEHEN?
SIND SIE GELB UND KLEBEN AN EINEM ENDE?

KICK!
Distr. by Bulls
WHUMP!
1855
www.babyblues.com
KULLER-KULLER-KULLER-KULLER-KULLER-KULLER-KULLER-KULLER
VIELLEICHT SOLLTE ICH BESSER INS TOR GEHEN UND DU BIST DER STÜRMER.
KIRKMAN & SCOTT

KLASSE, TIMMI! DU SIEHST WIE EIN ECHTER FÄNGER AUS!
1856
Distr. by Bulls
OKAY, HIER KOMMT MEIN WURF! BIST DU BEREIT?
www.babyblues.com
WAS IST...BIST DU BEREIT??
BEREIT!!
KIRKMAN & SCOTT

WHOA!
ächz TIMMI!
SIEHT SO AUS, ALS WÜRDE DAS EIN GUTER TAG WERDEN!
1857
Distr. by Bulls
www.babyblues.com
SUSI, DEIN BRUDER HAT DEINE PUPPEN GEKÖPFT, TRAUBENSAFT AUF DEINEN TEPPICH GESCHÜTTET UND DEINE MALBÜCHER ZERFETZT! WAS IST AN DIESEM TAG "GUT"?
ES IST EIN GUTER TAG FÜR DIE RACHE!
MAMI!

NEIN! NEIN! NEIN!
1858
Distr. by Bulls
DAS IST NICHT FAIR! WIESO IMMER ICH?
WÄÄÄÄÄÄÄÄÄÄÄÄ!
www.babyblues.com
ÄH...WAS SAGTEST DU, SOLLTE ICH MACHEN?
KIRKMAN & SCOTT

OH! WIE SÜSS! DAS SOLLTE ICH IN TIMMIS BABYBUCH EINTRAGEN!
1859
Distr. by Bulls
www.babyblues.com
WENN MIR NUR EINFALLEN WÜRDE, WO ICH ES HINGELEGT HABE. UND WENN ICH EINEN KULI FINDEN WÜRDE. UND WENN DER KULI SCHREIBEN WÜRDE. UND WENN ICH DREISSIG UNGESTÖRTE SEKUNDEN HÄTTE, UM EINEN ZUSAMMENHÄNGENDEN SATZ ZU FORMULIEREN...
seufz DIE SEITEN DES ZWEITEN BABYBUCHS SIND GEFÜLLT MIT GUTEN ABSICHTEN.
KIRKMAN & SCOTT

SUSI! TIMMI! WASCHT EURE HÄNDE VOR DEM ESSEN!
UND BENUTZT DIE SEIFE!
1860
Distr. by Bulls
SETZT EUCH GERADE HIN UND ESST EUER GEMÜSE!
SPRECHT NICHT MIT VOLLEM MUND!
NEHMT DIE SERVIETTE!
KIRKMAN & SCOTT
HAB' ALLES SCHON GESAGT. DU KANNST DEN REST DES ABENDS FREI MACHEN.
SEHR WITZIG!
KICHER

ICH SEH' 'NE TULPE ICH SEH' 'NE ROSE, ICH SEH' TIMMIS UNTERHOSE!
1861
Distr. by Bulls
HA! HA! HA! HA! HA! HA! HA! HA! HA! HA! HA!
OKAY.
DAS LIED IST VIEL WITZIGER, WENN DIE BETROFFENE PERSON NICHT IN EINER WINDEL HERUMLÄUFT..
KIRKMAN & SCOTT

MIR IST LANG-WEILIG!
Distr. by Bulls
LANG-WEILIG! LANG-WEILIG!
MAN KANN SICH GAR NICHT MEHR LANGWEILEN, ALS ICH IM MOMENT!
KIRKMAN & SCOTT
ES SEI DENN, ICH WÄRE DU!
VIELEN LIEBEN DANK!
1862

SIND DAS DIE BILDER, DIE ICH VON EUCH GEMACHT HABE?
JA. ICH SUCHE DIE GUTEN AUS UND KLEBE SIE INS FOTO-ALBUM.
Distr. by Bulls
DAS GEFÄLLT MIR AM BESTEN.
WAS?? WIESO?
DIE KINDER HABEN DIE AUGEN GESCHLOSSEN, DEIN GESICHT IST VERSCHWOMMEN UND TIMMI HAT DIE HAND IN DER HOSE STECKEN!
1863
WIESO GEFÄLLT DIR VON ALL DEN BILDERN AUSGERECHNET **DIESES**??
MEIN BAUCH SIEHT FLACH AUS!

DAS IST UNFASSBAR!
TUT MIR LEID.
1864
Distr. by Bulls
ZWEI MINUTEN WEGEN SCHLECHTEM BETRAGEN...ZWEI MINUTEN FÜR LAUT SEIN...DREI MINUTEN FÜR EINE PRÜGELEI...ZWEI MINUTEN FÜR'S BEINSTELLEN...
SUSI, ICH WUSSTE NICHT MAL, DASS ES IN DER VORSCHULE EINE STRAFBANK **GIBT**!
MACHST DU WITZE? SIE WOLLEN SIE SOGAR NACH IHR **BENENNEN**!

MAMI! MAMI! MAMI! MAMI! RATE MAL!!
1865
Distr. by Bulls
TIMMI HAT SEINEN LKW FALLEN LASSEN. ER HAT SICH DIREKT VOR MIR GEBÜCKT, UM IHN AUFZUHEBEN UND ICH HABE IHN **NICHT** GETRETEN!
WAS MUSS MAN EIGENTLICH TUN, UM HIER EIN PAAR EXTRAPUNKTE ZU ERGATTERN?
FALLS DU ES HERAUSFINDEST, LASS ES MICH WISSEN.

KONSERVEN
153
Distr. by Bulls
www.babyblues.com
BOT NUR 0,79
SONDER-ANGEBOT 1 KG DM 0,99
UH-OH.
UH-OH.
STOP!...NICHT... LEG DAS HIN!
FINGER WEG! HE! NICHT ANFASSEN! AUFHÖREN!
OH MANN! SIEH' DIR DIESE GANZEN KEKSE AN!
ENTWEDER MÜSSEN DIE GÄNGE IN DEN SUPERMÄRKTEN BREITER WERDEN, ODER KINDER MÜSSEN KÜRZERE ARME HABEN!
KIRKMAN & SCOTT

TIMMI HAT MICH IN DIE LIPPE GEBISSEN!
WAAS??
HIER WIRD NICHT GEBISSEN, JUNGER MANN! DU BLEIBST JETZT HIER SITZEN UND DENKST DARÜBER NACH!
ICH KANN NICHT GLAUBEN, DASS TIMMI DICH SO IN DIE LIPPE GEBISSEN HAT!
ICH WEISS.
VIELLEICHT HAT BIS JETZT NOCH NIEMAND VERSUCHT, IHN AN DER NASE ZU LECKEN!
1866
Distr. by Bulls
KIRKMAN & SCOTT

TOLLE NACHRICHTEN!
JA? WAS DENN?
ICH KANN ES NOCH GAR NICHT FASSEN! DAS IST WOHL DAS BESTE, WAS MIR JE PASSIERT IST!
WAS IST ES DENN? SAG SCHON!
MAMI HAT TIMMI ERWISCHT, ALS ER MIT EINEM ROTEN FILZSTIFT AUF DEN TEPPICH GEMALT HAT UND SIE IST ECHT SAUER!
SIE SAGTE "LIEBER ZWEI KINDER" UND "ES WERDEN DIE BESTEN FREUNDE SEIN"...
DARF ICH ZUSEHEN, FALLS ER HAUE KRIEGT?
1867
Distr. by Bulls
KIRKMAN & SCOTT

SUSI! WAS MACHST DU DA?
ES DAUERT MINDESTENS EINE STUNDE, UM DIESE KNOTEN HEUTE ABEND ZU LÖSEN!
GUT.
JEDE STUNDE, DIE ICH LÄNGER ZUM AUSZIEHEN BRAUCHE IST EINE STUNDE, DIE ICH SPÄTER INS BETT GEHEN MUSS.
1868
Distr. by Bulls
KIRKMAN & SCOTT

PSST! PAPA SIEHT FERN!
WOHER WEISST DU DAS?
WEIL ER IMMER SO AUSSIEHT, WENN ER FERN SIEHT.
MEIN PAPI AUCH, SEIN KOPF HÄNGT ABER ZUR SEITE.
GZZZK!
1869
Distr. by Bulls
KIRKMAN & SCOTT
www.babyblues.com

VERGISS NICHT, DASS MORGEN SUSIS ABSCHLUSSFEIER IST.
EINE ABSCHLUSSFEIER IN DER VORSCHULE??
NATÜRLICH! ES WIRD GROSS AUFGEZOGEN. MÜTZEN UND ROBEN...POMP UND GLAMOUR...DIPLOME...DAS GANZE DRUM UND DRAN!
FÜR VORSCHÜLER??
MAN MUNKELT, DASS KERMIT DER LAUDATOR SEIN WIRD!
1870
Distr. by Bulls
www.babyblues.com
KIRKMAN & SCOTT

IST DAS NICHT AUFREGEND!
JA...GANZ NIEDLICH!
NIEDLICH?? DAS IST EIN MEILENSTEIN IM LEBEN DEINER TOCHTER!
DIESE FEIER MARKIERT DEN ANFANG DER VERWANDLUNG UNSERER TOCHTER VON EINEM KLEINEN MÄDCHEN ZU EINER GEBILDETEN JUNGEN FRAU VON WELT.
WO IST SIE? ICH WILL EIN FOTO VON IHR MACHEN..
DRITTE VON LINKS...DIE GEBILDETE JUNGE FRAU VON WELT, BEI DER DAS HEMD AUS DER HOSE HÄNGT.
1871
Distr. by Bulls
www.babyblues.com
KIRKMAN & SCOTT

...DIESER BEDEUTSAME ANLASS ERINNERT MICH AN EINE FABEL VON EINEM KLEINEN JUNGEN UND SEINEM HUHN, DAS...
Distr. by Bulls
...UND WIR SOLLTEN UNS IMMER AN DIE WORTE DES POETEN ERINNERN, DER SO ELOQUENT...
KLATSCH
...ALS MITGLIED DER SCHULBEHÖRDE HATTE ICH GELEGENHEIT, SCHÜLER VOR ORT ZU ERLEBEN UND....
1872
WAR DAS NICHT DIE ERGREIFENDSTE REDE, DIE DU JE GEHÖRT HAST?
....KNETE, BUNTSTIFTE UND SCHEREN VERKÖRPERN WEIT MEHR ALS...
SIE HATTE IHRE MOMENTE!

...ANNE CARLSEN...TOM DALL...
NUR NICHT SCHÜCHTERN, SUSI. GEH EINFACH HOCH UND NIMM DEIN DIPLOM!
Distr. by Bulls
...KIM JOHANN...PIERRE KATER...
SEI NICHT SCHÜCHTERN... NUR NICHT SCHÜCHTERN SEIN...
...SUSI MEIER...
HALLO MAMI! HALLO PAPI!
WENIGSTEN WAR SIE NICHT SCHÜCHTERN...
1873

JETZT WIRD'S SPANNEND! ICH HABE SUSI GESAGT, SIE SOLL IHRE MÜTZE IN DIE LUFT WERFEN, WIE DIE OFFIZIERSANWÄRTER.
Distr. by Bulls
MEINE DAMEN UND HERREN, HIER IST DIE ABSCHLUSSKLASSE DER VORSCHULE!
JETZT KOMMT'S!
1874
AU!
HEY!
SUSI HAT IHREN HUT NACH MIR GEWORFEN!
WAAAAAA!
MAAAMI!
SUSI MEIER HILFT NACH DEN FEIERLICHKEITEN BEIM MÜLL-EINSAMMELN.
VIELEN DANK, PAPA!
BEI DEN OFFIZIERSANWÄRTERN SIEHT ES COOL AUS...

UND SUSI, BIST DU AUFGEREGT, JETZT WO DU MIT DER VORSCHULE FERTIG BIST?
UH-HUH!
Distr. by Bulls
DIE GANZEN SACHEN DIE WIR GEMACHT HABEN WURDEN LANGSAM LANGWEILIG...STILL SITZEN... HAUSAUFGABEN... DEM LEHRER ZUHÖREN...
ICH FREUE MICH SCHON AUF DAS 1. SCHULJAHR, DAMIT ES ETWAS RUHIGER WIRD.
JA. UND WENN DU ERWACHSEN BIST HAST DU EINEN JOB UND GRÜNDEST EINE FAMLIE, DAS LEBEN IST EIN **KINDERSPIEL**!
KIRKMAN & SCOTT

RING! RING! RING!
ICH GEH' SCHON!
1876
Distr. by Bulls
HALLO? VILLA MEIER. SUSI AM APPARAT. WER SPRICHT DA BITTE? VIELEN DANK FÜR DEN ANRUF. AUF WIEDERHÖREN!
DAS WAR NICHT SCHLECHT. ABER DU SOLLTEST DEN ANRUFER ZWISCHEN "WER SPRICHT DA" UND "VIELEN DANK FÜR DEN ANRUF" ZUR WORT KOMMEN LASSEN.
OH, JA.
RING! RING! RING!
KIRKMAN & SCOTT

MÄDCHEN SIND LIEB, SANFTMÜTIG UND SEHR VERLETZLICH, TIMMI.
Distr. by Bulls
1877
KIRKMAN & SCOTT
UND VERGISS DAS NICHT!
WHOMP!

SNKKXXXX!
154
KHKXXX!
HALLO-O-O DA UNTEN!
KICHER!
Distr. by Bulls
HILFE! WIR KOMMEN NICHT RAUS!
HI-HI HI!
BR-BR OHJEE! PASS AUF DER KRA-TER!
GLUGS GLUGS GLUGS
KLATSCH! KLATSCH! KLATSCH! KLATSCH!
1-18-00
SCHMATZ! SCHMATZ! SCHMATZ!
KIRKMAN & SCOTT
WAS BEDEUTET ES, WENN MAN "SPIEL-ZEUG-GESCHMACK" IM MUND HAT?
www.babyblues.com

©2000, BABY BLUES PARTNERSHIP DIST. BY KING FEATURES SYNDICATE
Distr. by Bulls
BOING!
ICH GLAUBE, MAN VERLANGT HIER DIE GENAUE ANZAHL DER IM HAUSHALT LEBENDEN KINDER. "ZU-#@%+!!VIELE" PASST NICHT.
www.babyblues.com 1878
KIRKMAN & SCOTT

ICH BIN PRINZESSIN GROSS-UND-MÄCHTIG-IMMER-IM-RECHT-HERRSCHERIN DER WELT!
MAMPF MAMPF
1879
Distr. by Bulls
www.babyblues.com
WAS ICH SAGE IST GESETZ UND WAS GESETZ IST...ÄHM SAGE...ICH...IST GESETZ... UND...ÄH...
© 2000, BABY BLUES PARTNERSHIP DIST. BY KING FEATURES SYNDICATE
GIB' MIR EINFACH DEN KEKS.
WUSCH!
ICH REGIERE GERN, ABER ICH REDE NICHT GERN DARÜBER.
KIRKMAN & SCOTT

BASEB
SCHLÄ
SPORT SHOP
Distr. by Bulls
www.babyblues.com
1880
© 2000, BABY BLUES PARTNERSHIP DIST. BY KING FEATURES SYNDICATE
KIRKMAN & SCOTT

PAPI?
Distr. by Bulls
PAPI?
PAPI?
PAPI?
PAPI?
PAPI?
PAPI?
PAPI?
www.babyblues.com
1881
7-1
ICH HOFFE FÜR EUCH, DASS ES WICHTIG IST!
RATE MAL, WAS TIMMI GERADE GEGESSEN HAT!
KIRKMAN & SCOTT

KOCHEN! PUTZEN! WINDELN WECHSELN!
Distr. by Bulls
IST DAS ALLES, WOFÜR ICH DA BIN??
1882
www.babyblues.com
JA.
7-3
WENN MAMI DIE DECKE FRAGT, SOLLTEST DU BESSER NICHT ANTWORTEN.
KIRKMAN & SCOTT

GLUCK! GLUCK! GLUCK! GLUCK!
1883
7-4
DA IST JA MEIN SCHATZ! KOMM UND DRÜCK' MAMI LIEB!
www.babyblues.com
RÜLPS!!
Distr. by Bulls
KEINE LIMO MEHR FÜR TIMMI.
KIRKMAN & SCOTT

155
Distr. by Bulls
AAAAAAARGH!
HAST DU DIE WEIH-NACHTSBELEUCHTUNG AUFGEHÄNGT?
KÖNNTE MAN SO SAGEN!
KIRKMAN & SCOTT
© 1999, BABY BLUES PARTNERSHIP DIST. BY KING FEATURES SYNDICATE www.babyblues.com

Distr. by Bulls
www.babyblues.com
7-5
VOR DEM HINSETZEN NACHSEHEN...VOR DEM HINSETZEN NACHSEHEN...
HE! HAT JEMAND MEINEN LUTSCHE GESEHEN?
© 2000, BABY BLUES PARTNERSHIP DIST. BY KING FEATURES SYNDICATE
KIRKMAN & SCOTT
1884

SIEH MAL, TIMMI... EINE KATZE!
WO?
1885
Distr. by Bulls
MÖCHTEST DU DIE KATZE STREICHELN?
www.babyblues.com
HIER...STREICHEL DIE KATZE. NA LOS, STREICHEL DAS KÄTZCHEN.
7-6
HALLO, LEUTE. WIE WAR EUER... ÄH...
KATZE GE-STREI-CHELT!
KIRKMAN & SCOTT

Z
Distr. by Bulls
SCHLÜRF
1886
www.babyblues.com
?
7-7
IST HIER EIN FREUND-LICHER HUND VOR-BEIGE-KOMMEN?
KIRKMAN & SCOTT

ICH BIN SCHON GROSS...ICH KANN DAS ALLEINE. HALTE MAL!
OKAY.
157
KANNST DU AUCH MEINE JACKE HALTEN?
Distr. by Bulls
TAP TAP TAP
www.babyblues.com
ICH KOMM NICHT AN DEN REISVER-SCHLUSS.
BITTE SEHR.
MACHST DU IHN WIEDER ZU?
SICHER. HAST DU DIE HÄNDE GE-WASCHEN?
ICH WAR GANZ **ALLEINE** AUF DER TOILETTE!
KIRKMAN & SCOTT

www.achterbahn.de

Die erfolgreiche Baby Blues-Reihe mit den witzigen Episoden um Baby Timmi, Klein-Susi, Paul und Babs. Das ideale Geschenk für Angehörige, Betroffene und Planende!

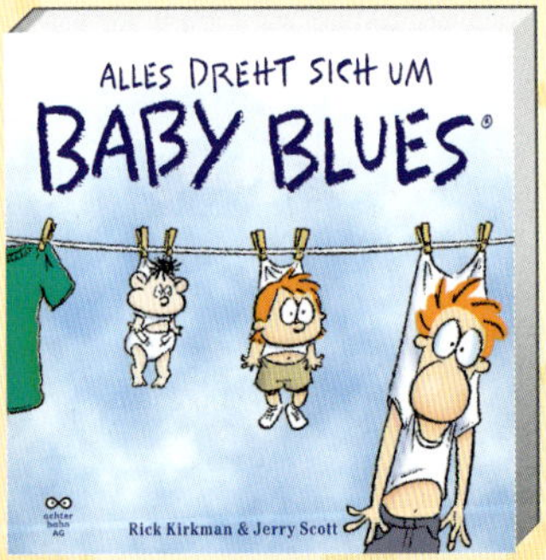

Kirkman / Scott

Baby Blues 1 – Alles dreht sich um...

128 Seiten, Softcover, sw,
21,5 x 21,5 cm
ISBN 3-89982-229-3, € 10,00

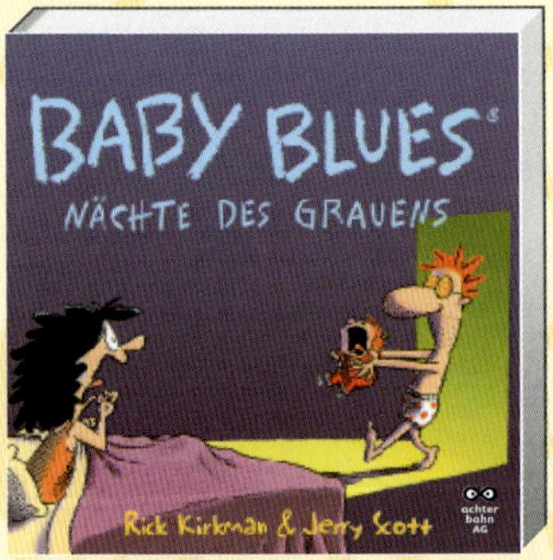

Kirkman / Scott

Baby Blues 2 – Nächte des Grauens

128 Seiten, Softcover, sw,
21,5 x 21,5 cm
ISBN 3-89982-230-7, € 10,00

Kirkman / Scott

Baby Blues 3 – Tage des Terrors

128 Seiten, Softcover, sw,
21,5 x 21,5 cm
ISBN 3-89982-231-5, € 10,00

Kirkman / Scott

Baby Blues 4 – Wer zuletzt lacht...

128 Seiten, Softcover, farbig,
21,5 x 21,5 cm
ISBN 3-89982-233-1, € 10,00

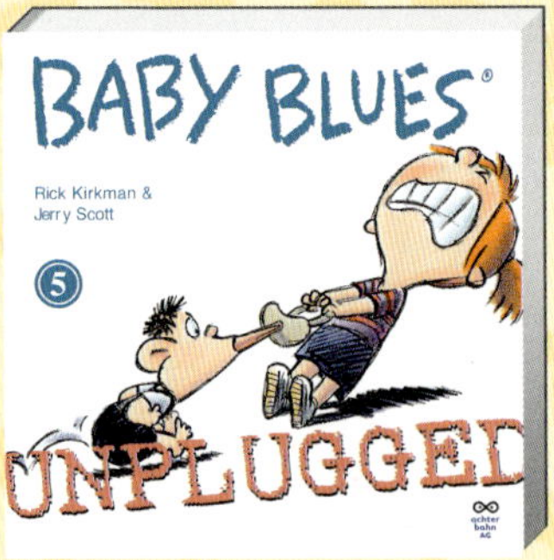

Kirkman / Scott

Baby Blues 5 – Unplugged

128 Seiten, Softcover, farbig,
21,5 x 21,5 cm
ISBN 3-89982-234-X, € 10,00

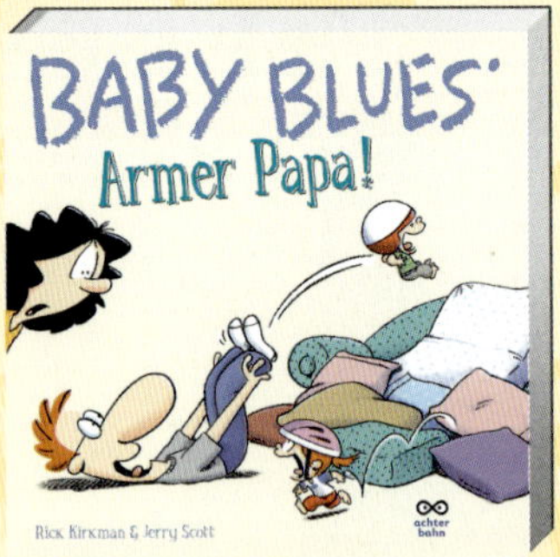

Kirkman / Scott

Baby Blues 6 – Armer Papa!

128 Seiten, Softcover, farbig,
21,5 x 21,5 cm
ISBN 3-89982-218-8, € 10,00

Einfühlsam, witzig, ambivalent, emotional – Zits ist die unterhaltsame Verkörperung der Pubertät!

Jerry Scott & Jim Borgman
Zits – Trau keinem über 20
128 Seiten, sw, 21,5 x 21,5 cm, Softcover
ISBN 3-89719-048-6, € 10,00

Jerry Scott & Jim Borgman
Zits 2 – Tage eines Teenagers
128 Seiten, sw, 21,5 x 21,5 cm, Softcover
ISBN 3-89719-129-6, € 10,00

Jerry Scott & Jim Borgman
Zits 3 – Bahn frei, ich bin Teenager!
128 Seiten, teilweise farbig, 21,5 x 21,5 cm, Softcover
ISBN 3-89719-143-1, € 10,00

www.drive-in-cartoons.de